KB107465

나를
바꾸면
모든것이
변한다

나를 바꾸면 모든 것이 변한다

2판 23쇄 발행 2025년 1월 8일
2판 1쇄 발행 2015년 11월 11일

지은이 제임스 알렌
옮긴이 김윤희·김현희

발행처 이너북
발행인 이선이

등 록 제2004-000100호
주 소 서울특별시 마포구 백범로 13 신촌르메이에르타운 II 305-2호
전 화 02-323-9477 | **팩스** 02-323-2074
E-mail innerbook@naver.com
블로그 http://blog.naver.com/innerbook
포스트 post.naver.com/innerbook
인스타그램 @innerbook_

이너북은 독자 여러분의 소중한 원고 투고를 기다리고 있습니다.
원고가 있으신 분은 innerbook@naver.com으로 보내주세요.

생각하는 습관부터 바꿔라

나를 바꾸면 모든 것이 변한다

제임스 알렌 지음 · 김운희 · 김현희 옮김

이너북
INNERBOOK

프롤로그

　과학에서 새로운 법칙이 발견될 때마다 특정한 '원인'이 일정한 '결과'를 낳는다는 사실이 입증되고 있다. 이러한 증명을 통해 얻어지는 지식과 사고思考는 사람들의 '생각'을 구체적으로 실현시킴으로써, 인류를 풍족하게 발전시켜 왔다.

　물질세계에서의 '원인과 결과' 법칙은 정신세계에서도 작동한다. 물질을 구성하는 원자나 생명을 이루는 세포 세계에서만, 에너지의 축적이나 반응에 따르는 어떠한 현상들이 일어나는 게 아니다. 인간의 '생각이나 사고' 그리고 '행동' 간에도 원인과 결과의 법칙에 따라 반응과 변화를 일으키는 특별한 힘이 작동하는 것이다. 어쩌면 보이지 않는 정신세계에서 훨씬 더 정연한 '원인과 결과'의 파노라마가 펼쳐지는지도 모를 일이다.

　정신세계에서는 가장 진실한 생각만이 끝까지 살아남고, 나쁜 생각들은 결국에 자멸한다는 '원인과 결과의 법칙'이 작동한다. 이 법칙을 발견하는 일은 인간의 '운명'을 이해하는 과정으로 나아간다. 저마다의 '운명', 다소 불가사의하게 여겨질 수도 있겠지만, '내' 운명에 대한 이해와 지식에서야 비로소 불안과 걱정의 암흑을 투과하는 지혜의 서광은 비춰 온다.

　　인생에서 흐름을 만들어 가는 원리 ─ '자연의 법칙'을 깨달은 사람은, 삶에서 일어나는 일들을 통해 배우고 지혜를 쌓아 간다. 스스로의 의지력으로 운명을 극복해 나가는 것이다. 그동안 이러한 사실에 대해 무지했던 사람은 불행과 불운에 대해 그저 원망하기만 했을 것이다. 하지만 이후로는 그것들을 생산적으로 수용함으로써 행복한 인생을 영위하는 길을 걷게 될 것이다.

　　법칙에 대한 깨달음은 불행한 운명을 초극超克하고 내가 완수해야 할 운명을 확신하게 해 준다. 고독과 슬픔, 패배감으로 얼룩졌던 현실도 진정한 기쁨과 승리를 맛보기 위한 하나의 과정에 불과했던 것이었으니 말이다. 깊은 상처와 괴로움 속에서 방황하던 사람은 미처 깨닫지 못했을 수도 있겠지만, 그 모든 일이 실은 평화롭고 안락한 인생을 향한 상승의 과정이었다는 사실을 알아야 한다.

　　어떤 인생이든 가만히 들여다보면 '자연의 법칙'과 '운명'이 공존함을 알 수 있다. 많은 사람이 이 둘의 관계를 이해하여 그 일상과 생활 방식에 적용함으로써, 더욱 아름답고 멋진 인생을 체험하게 되기를 염원한다.

– 제임스 알렌

차 례

chapter 1

내 운명을
내가 다스릴 수 있다면

인간은 '행동의 실행자' 인 동시에
그 '특성을 키워나가는 자' 이며 '운명의 창조자' 이다.
내 행동의 패턴을 변화시키는 힘은
외부에 있는 것이 아니라 바로 내 안에 있다.
행동을 실행에 옮겨 나감으로써
내면의 특성도 바꾸어 나갈 수 있는 것이다.
변화된 내면에서 새로운 행동이 탄생하며,
바로 그 행동의 끝에 운명-결과가 연결되어 있다.
내 행동의 결과가 바로 나의 내면적
특성이 걸어가야 할 운명인 것이다.

운명을 거스를 수 없다고 보는
사람이 있는가 하면,
운명을 얼마든지
개척할 수 있다고 보는
사람도 있다.

내 운명을
내가 다스릴 수 있다면

: 운명, 그 불가사의한 힘

운명은 많은 결과를 유도하는 불가사의한 힘, 한 개인의 인생에서부터 국가의 주권과 미래까지 좌우할 수 있는 것이다. 초자연적인 힘이 특정한 결말을 야기하는 불가항력적인 흐름을 지배하는 것으로 비춰진 사례는 어느 시대에서나 무척 많았다.

'생生과 사死'가 누구도 피해갈 수 없는 숙명이듯이, 인생의 수많은 사건들 중에는 예정되지 않고서는 도저히 일어날 수 없을 것 같은 일이 많다.

그런데도 사람은 실패에 대한 불안과 공포로 전전긍긍할 때가 많다. 온갖 정성과 노력을 들였음에도 불구하고 그 목표의 달성에 실패하면, '내 힘으로는 도저히 어쩔 수 없는 운명이구나.' 라고 하면서 자포자기하는 것이다. 그런 경우라면 운명은 모든 노력을 비웃으며 성공을 방해하는 성가신 것이 될 뿐이다.

이런 경험이 반복되다 보면 '한 번 정해진 운명은 거스를 수 없다.' 라는 인식에 사로잡히게 된다. 나아가 나의 능력이 한없이 부족하고, 이 세상은 불가사의한 힘의 지배 아래에 있다는 확신마저 들게 된다.

인간 차원에서는 도저히 통제할 수 없는 엄청난 힘, 그것을 '신神의 섭리', '신의 인도' 내지는 '숙명', '운명' 이라고 부른다.

운명, 피할 수 없는 것인가

운명은 행복을 가져다주기도 하지만, 어떤 때는 인간을 끝없는 밑바닥으로 추락시키기도 한다. 시인이나 철학자처럼 통찰력이 깊은 사람들은 불가사의한 운명이 베푸는 은총과 잔인함을 객관적으로 해석하고 표현한다. 또한 뛰어난 능력을 가진 시인이나 관찰력이 예리한 작가들 중에는 운명의 본질을 꿰뚫어 불후의 명작을 남긴 사람들도 많다.

그리스나 로마의 문학 작품 중에는, 불길한 운명을 극복하려는 주인공이 결국에는 맹목적인 비운을 맞이한다는 내용이 많다. 가령 셰익스피어 작품들은 주인공들이 자신의 비극적인 운명을 예감함으로써 결국엔 그 운명에 지배될 수밖에 없는 상황으로 구성돼 있다. 이들 작품은 인간이 운명의 흐름을 감지하든 그렇지 못하든 간에 하늘이 예정한 결말을 향해 자연스럽게 걸어간다는 사실을 표현하고 있다.

그중에서도 페르시아의 수학자이며 천문학자이자 시인이기도 한 오마르 하이얌Omar Khayyam의 〈흘러가는 시간〉은 선명하게 운명을 표현한 작품이다.

시간은 흘러가고 흔적은 계속 쌓여 간다.
시간은 지나가 버리는 것,
기원祈願도 재능도 조각난 시간을 되돌릴 수도,
지나간 흔적을 지울 수도 없다.

눈물로도, 한번 씌어진 글씨를 씻어낼 수는 없느니.

수많은 시대의 흐름 속에서 사람들은 자신들의 힘으로는 어쩌지 못하는 불가사의한 힘에 좌우되고 농락당하는 듯한 경험을 거듭하면서 이런 말로 스스로를 합리화한다.

'계획은 사람이 세우지만 그 결과는 신만이 안다.'

'최선을 다하라, 다만 그 결과는 하늘에 맡겨라.'

'최선을 다하되 신의 존재를 믿고 운명은 하늘에 맡기자.' 는 게 이 말의 참뜻이다.

운명에 관한 두 가지 시각

운명을 거스를 수 없다고 보는 사람이 있는가 하면, 운명을 얼마든지 개척할 수 있다고 보는 사람도 있다.

인생에 대한 자세, 즉 도덕성을 고양하는 교훈은 의지로 삶의 방식을 선택하고 운명을 창조해 나갈 수 있다는 시각에서 자유를 강조한다. 더불어 목적을 달성한 사람들의 노력과 인내를 배움으로써, 마음에 따라 자유롭게 살아가는 방법이 터득될 수 있음을 일깨워 준다.

운명이란 타고나는 것인가, 의지와 노력으로 개척할 수 있는 것인가. 역사를 돌이켜 보면, 운명에 따라 모든 것이 예정돼 있다는 숙명론과 의지와 선택에 따라 운명의 흐름이 바뀔 수도 있다는 자유의지론이, 서로 대결하면서 운명을 보는 큰 흐름을 양분해 왔음을 알 수 있다.

팽팽한 대립이 있는 곳에는 반드시 중도적 입장이 나타난다. 운명에 대한 두 시각의 어느 한 편으로도 기울 수 없다는 시각이 그것이다. 운명에 대한 두 가지 시각은 모순 관계이기에 극단적으로 대립되는 성질을 서로에 대해 드러내고 있다. 저마다 경험하는 인생의 단면들이 다르다는 사실을 인정한다면 이런 극단적인 현상이 이해될 수 없는 것도 아니다.

하지만 양자의 심층을 꿰뚫는 새로운 시각이 요청된다. 지금부터 이상의 두 가지 견해를 통괄하면서, 인생에 대한 이해를 심화하는 거대한 원리를 소개하려고 한다.

눈에 보이지 않는 정신세계가 인생에 어떻게 작용하는지를 설명할
터인데, 그것은 인과관계 즉 일종의 '자연 법칙'에 의거하고 있다.

원인을 운명 짓는 결과

여기에서 '원인과 결과'란, 인간 스스로 자유로운 의사 결정에
따라 운명을 개척할 수 있지만, 그것이 숙명적 결과와 불가분의 관
계라는 의미이다.

'결과'는 원인이 있어야 존재한다. 이때 '눈앞에 드러난 결과'는
'원인과 같은 종류이자 같은 속성'이다. 그 둘은 늘 동등하면서 적
합한 관계에 있으니 한 치의 어긋남도 없다.

정신세계와 현실 세계에서 나타나는 모든 현상에서는 이러한
'원인과 결과'가 완벽하게 균형을 이루고 있다.

'원인'은 인간이 자유의지로 선택할 수 있지만, '결과'는 원인에
따른 자연스런 결과 즉 운명으로 나타나는 것이다. '결과'는 '원
인'을 선택한 바로 그 순간에 이미 그 운명이 결정된 셈이기 때문

이다.

인생의 모든 일에는 '원인과 결과의 법칙'이 내재되어 있다. '원인'이 되는 씨앗이 뿌려지면 당연히 '결과'라는 열매가 수확되는 것이다. 어느 한 순간에도 '생각'이 만들어 내는 '행동의 씨앗(원인)'과 '인생의 사건(결과)' 간의 균형이 무너지지 않는다.

자유롭게 선택하되 책임을 지겠다는 의지력이 '원인'을 만들어 내면, 그에 따른 '결과'는 어느 누구도 바꿀 수 없는 게 된다. 선택한 행동에 따르는 운명적 결말을 맞이하는 것뿐이다.

사람의 행동은 그 사람의 '기질과 성격을 표현한 결과'로서 인생에서 일어나는 모든 일들의 '원인'이 된다. '기질과 성격'은 사람마다 제각각인데 태어날 때부터 이미 특징지어져 있다. 이제 막 탯줄을 끊고 분만실에서 나온 갓난아기조차도 특유의 내면적 특징을 가지고 있으니 말이다. 다만 그 특징들은 공장에서 똑같이 찍어 내는 물건들처럼 규격화돼 있거나 획일적이지는 않다.

이러한 사실 때문에 행동에 책임지지 않으며, '인생의 결과'를 그저 '타고 난 운명 때문'으로 돌리는 일이 가능한지도 모른다.

나라는 제품을 성장시키는 법

만약 타고난 운명과 성격이 살아가는 동안 절대 변하지 않는다고 한다면, 인간의 정신적 성숙이나 인격 함양을 위한 노력은 불필요할 것이며 '도덕성을 높이는 교육'도 무의미할 것이다.

그러나 다행스럽게도 나를 표출하는 내면에는 성장 쪽으로 진화하는 속성이 있다. 내 인생을 마주하는 자세는 '내면의 기질과 성격'이 행동으로 표출된 결과다. 한 사람의 현재 모습은, 태어날 때이미 특성화된 나라는 제품을 어떻게 성장시켜 왔는가에 대한 답이자, 행동들을 통해 수확된 '인생의 결과'로서 열매이다.

'기질과 성격'은 태어날 때부터 이미 운명 지어졌기 때문에 그사람에게는 책임(원인)이 전혀 없는 것일까? 저마다 지니는 내면의특징, 즉 '기질과 성격' 또는 '인격'은 오랫동안 수많은 인생들을거치면서 질서정연하게 정제돼 있는 상태이다.

'천성'으로 지칭되는 내면의 특징은 한 개인에 국한된 것이면서도 무수한 인생들의 수많은 실제 경험과 행동의 조화물이라는 뜻이다. 따라서 인간 개개인의 특성은, 단순히 운명 지어진 것으로서

가 아닌, 인류가 공동으로 개척하고 변화시켜 온 결과로서 이해되어야 한다.

전생前生은 오래 전부터 인류가 품어 온 의문이다. 새로운 생명의 탄생은 그만의 특성과 기질이 새롭게 시작됨을 의미한다. 설령 모든 인생의 시작이 이미 운명 지어졌다고 해도 마찬가지이다. 정신적인 성장이 인간을 바꾸고 변화시켜 나간다는 사실을 인정한다면, 내면적 특징은 저마다 책임지고 변화시켜 나가야 할 것이 된다. 인생은 저마다 스스로 걸어가야 하는 것이기 때문이다.

행동이 운명의 결과를 가져온다

행동을 실행에 옮기는 주체는 바로 나이다. 그 행동들에는 내가 키워 온 기질과 성격의 특성을 드러내는 '생각과 사고'가 반영돼 있다.

인간은 '행동의 실행자'인 동시에 '특성을 키워나가는 자'이며 '운명의 창조자'인 셈이다.

내 행동 패턴을 변화시키는 힘은 외부에 있는 것이 아니라 바로 내게 있다. 행동을 실행에 옮겨 나감으로써 내면의 특성도 바꾸어 나갈 수 있는 것이다.

변화된 내면에서 새로운 행동이 탄생하며, 바로 그 행동의 끝에 운명(결과)이 연결되어 있다. 나를 표현하는 행동의 결과가 바로 나의 내면적 특성이 걸어가야 할 운명인 것이다.

수많은 행동이 조화를 이루며 야기하는 인생의 결과는, 마치 순환하는 계절 속에서 씨앗이 뿌려지고 열매가 거둬들여지듯 마음속에서 자라난다. 개인의 특성을 규정하는 사고와 감정은 씨앗으로서, 부지불식간에 마음이라는 토양에 뿌려진다. 거기에서 그 사람의 성격을 나타내는 생각과 행동이 싹트기 시작한다.

한 알의 씨앗이 고유한 성장 프로그램에 따라 싹을 틔우고 열매를 맺듯, 하나의 행동 역시 자연스러운 흐름과 법칙에 따라 일정한 결과를 낳는다. 이것이 바로 인간으로서 수확해야 할 열매다.

자연의 법칙이 만들어 내는 인생의 공정한 흐름

인생에서 일어나는 모든 일들은 각자의 내면이 그대로 반영돼 있는 결과이다.

피할 수도 없고, 간절한 바람조차 무기력하게 만들고 마는 운명의 흐름은, 행동과는 전혀 다른 결과를 바라는 마음에는 너무도 가혹하게 느껴진다.

그렇지만 가슴을 울리는 환희도, 예고 없이 찾아드는 고통도, 의식적이든 무의식적이든 마음에서 바라고 주문한 것들이 구체적으로 실현된 결과들일 뿐이다. 이 세상의 모든 것은 이렇게 한 치의 오차도 허용하지 않는 '자연의 법칙'이 만들어낸 흐름이다.

정신적 내면을 성숙시켜 온 사람은 그에게 대적하는 사람에게조차 앙갚음을 하지도, 원망하지도 않는다. 일이 잘 풀리지 않는다거나 아무리 힘겨운 상황에 부딪히더라도 불평불만을 늘어놓기보다는 그 상황을 극복하면서 새로운 흐름을 만들어 내는 것이다.

힘겨운 존재나 나를 시기하고 질투하는 사람 또는 혹독한 시련은 도무지 어쩔 수 없는 게 아니다. 오히려 그것은 정신적 성장을 이루는 결정적 계기가 된다. 내면을 객관적으로 바라볼 수 있는 사람은 그가 직면하는 상황과 환경을 겸허히 받아들이고, 저간의 빚을 갚는 마음으로 끈기 있게 그 국면들에 대처해 나간다.

단순히 빚을 갚는 것이 아니라, 더 이상 미숙한 언행과 실수를 반복하지 않기 위해 행동과 습관을 변화시켜 나간다. 이것이 바로 정신적 성장이다. 성숙하지 못한 삶의 방식을 청산함으로써 부정적인 환경과 힘겨운 상황을 끝낼 수 있다. 더불어 새롭게 거듭난 나에게, 소망해 온 결과를 가져다 줄 원인의 씨앗을 마음에 뿌리고 성실하게 가꾸어 나갈 수 있게 된다.

시간의 흐름 속에 나타나는 법칙의 결과

'자연의 법칙'이 인생의 흐름(운명)을 창조해 나가는 방식에 대해 좀 더 설명해 보겠다.

나의 현재 인생은 내가 걸어 온 과거의 결과이다. 표면적으로 드러난 것뿐 아니라, 수면 아래의 흐름을 따라 결과를 향하고 있는 부분들도 이 결과에 해당한다.

착하고 성실한 사람이 실패를 거듭하고, 비겁하며 약삭빠른 사람이 오히려 승승장구하며 성공가도를 달리는 경우를 종종 보게 된다. 그러한 현실은 언뜻 보면 '정의롭고 성실한 사고와 행동이 행복한 결과를 낳는다.'는 정신적 '도덕 법칙'에 어긋나는 것으로 보일지도 모른다.

그러다 보니 많은 사람들이,정의가 반드시 성공을 보장하지는 않는다.' '세상을 살아가려면 차라리 교활한 편이 낫다.'라고 생각하게 되고, 결국엔 '자연 법칙'의 공정성마저 부정하기도 한다.

하지만 선량해 보인다고 해서 그 사람 전체가 착하고 성실하다고는 할 수 없다. 반대로 약삭빠르다고 해서 모든 행동과 사고가 옳지 않다고 평가할 수도 없다. 사람은 좋든 나쁘든 변한다는 사실을 명심할 필요가 있다.

'도덕 법칙'은 '자연 법칙'과 그 뿌리가 같다. 가끔씩은 표면적인 결과에 시선을 빼앗기기도 하지만, 그렇다고 해서 법칙의 원리가 변질되는 것은 아니다.

언제나 최선의 씨앗을 심어라

지금은 올바른 길을 걷고 있는 사람이더라도 한때는 잘못된 판단으로 그릇된 길을 걸었을 수 있다. 현재는 착하고 배려심이 많지만 예전에는 이기적이고 부정적인 사고에 휩싸였던 사람도 있었을 것이다.

순수한 마음으로 살아가는 사람은 자신을 괴롭히는 부정적 생각에 빠졌던 경험이 있었기 때문에 비로소 아름다운 마음에 눈뜰 수 있었던 것이다. 이와는 반대로, 과거에는 정의와 올바른 생각만을 실천하며 살았으나, 이제는 부정적인 사고만을 일삼는 사람으로 변하기도 하고, 상냥하고 아름다웠던 마음을 상실해 버린 사람들도 있다.

이렇듯 모든 인생은 시간의 흐름 속에서 변화해 간다. 힘겹고 감당하기 어려운 상황은, 과거에 이런 현실을 야기할 수밖에 없는 씨앗이 뿌려진 결과이다. 그러나 암울해 할 필요가 없다. 비록 현재가 불운의 연속이더라도, 지금 이 순간 최선의 씨앗을 뿌리면 기쁨에 넘치는 수확의 시간을 맞이할 수 있기 때문이다.

한편 지금 풍성한 열매를 수확하고 있는 사람이더라도 들떠 있을 수만은 없다. 그도 이 순간 불행과 가난의 씨앗을 심고 있다면 언젠가 고통스러운 수확의 때를 맞이하게 될 것이기 때문이다.

: 특성은 천부적인 것이지만 얼마든지 바꿀 수도 있다

살다보면 원인이 분명치 않은 일들이 벌어지기도 한다. 그런 상황을 인연이라고 한다. 전생前生이 있었는지의 여부를 가늠하기는 매우 어렵다. 무수한 인생의 탄생과 죽음이 반복된 결과가 또 다른 새로운 인생으로 이어져 내면적 특성으로 표출된다고 한다면, 원인과 결과의 이치는 끝없이 이어지는 게 된다.

인간 개개인의 '특성'이란 '마음의 습관'이다. 습관이 된 마음의 특성(기질과 성격)은 무의식적으로 행동 양식을 창조해 간다. 한편으로는 반복되는 행동 양식이 다시 내면에 작용함으로써 또 다른 마음의 습관을 만들어 나간다고 이해할 수도 있다. 자각되지 않은 채 몸에 밴 나쁜 행동이 그 사람의 성격에 절대적인 영향을 미치는 것이다.

의식적인 사고로 행동을 바꾸면 마음의 습관도 변한다. 마음의 습관으로 자리 잡은 사고와 생각이 행동으로 표현되고, 다양한 형태의 행동들이 지금 이 순간에도 현실로 나타난다.

결과가 나타나는 데 드는 시간의 길이와는 무관하게, 인생이란 끊임없이 변화하는 것이다. 그 결과가 긍정적이든 부정적이든 인간은 변화의 과정을 내면적 변화로부터 읽어낼 수 있다. 인생에 영향을 미치는 성격은 사고와 행동의 결합에 의한 조화이며, 이는 의지력으로 얼마든지 바꿀 수 있다.

이러한 생각은 전생에 대한 문제와는 별도로, '타고 난 기질은 어쩔 수 없는 것이 아니라 얼마든지 바꿀 수 있다.' 는 뜻이다. 노력 여하에 따라 평소 못마땅했던 성격이나 습관을 좋은 쪽으로 바꾸고, 나아가 긍정적인 부분은 더욱 긍정적으로 발전시켜 나갈 수 있는 것이다.

사고와 생각이 현실을 만든다

이 이야기는 실화다.

어떤 남자가 실직을 당해 고민에 빠졌다. 그리고 실직 통보를 받은 후에도 좌절하지 않고 다른 일자리를 찾아 열심히 뛰어 다녔지만 좀처럼 직장을 구할 수 없었다.

새로운 일자리를 얻으려는 '생각'(원인)을 실행으로 옮기고 열심히 노력했음에도 불구하고 좀처럼 답을 얻을 수 없다는 현실은 공정한 운명(결과)이 아닌 듯이 보였다. 이전 직장에 근무할 때 그는 다양한 업무로 무척 바쁘게 지냈다. 그러나 그는 주어진 일들을 배움과 능력 계발의 기회로 삼지 않았다. 그보다는 부담스러워하고 짜증내는 경우가 많았다.

서서히 그에게는 인생을 즐기며 살겠다는 욕망이 피어났다. 그러나 직장인으로서의 처지를 확실히 인식하고 업무 방식을 개선한다거나 능력을 최대한 살려보겠다는 식이 아니었다. 그저 '업무량이 적으면 훨씬 즐거울 텐데.'라는 생각만 가득했다. 새로운 업무가 할당된다는 것은 성실하게 일해 온 데 대한 성과이며 보상이다.

그러나 그는 그런 환경을 좋은 결과로 받아들이지 못했으니 오로지 일에서 해방될 날만을 고대했던 것이다.

그의 간절한 바람은 해고라는 현실의 결과로 멋지게 이루어졌다. 무의식적이긴 했으나 일 없는 편안한 상태를 바라 왔던 그의 소망이 이루어진 것이다. 그 결과 오히려 더 불안하고 무의미한 나날이 시작됐다. 설상가상으로 새로운 일자리를 찾는 일은 그를 고되고 맥 빠지게 만들어 버렸다.

결과의 교훈이 주는 과제

실직이라는 '결과' 앞에서 그가 깨닫게 된 사실은 무엇일까? 아무런 일도 하지 않고 지낸다는 것은 인간에게 큰 고역이다. 편안하고 안락한 삶에 대한 막연한 동경은 무척 어리석은 일이다. 인간에게 주어진 일은, 하루하루를 충실히 보내는 한편 자기 계발과 성장을 하는 데 무척이나 소중한 기회이다.

이러한 사항들이 그가 반드시 깨달아야 했던 과제들이다. 인간의 '사고'가 배태한 상황마다에는 배워야 할 과제가 있다. 그 과제들을 확실하게 이해한다는 것은, 결과를 통해 교훈을 깨닫는다는 뜻이다.

비로소 과거의 어리석음을 깨달은 그는 진정한 일을 찾아 헤매기 시작했다. 그러고는 어리석은 '생각'이 불러 온 실직이라는 슬픈 '결과'를 딛고 일어서서, 진정 그가 해야 할 일을 찾는 데 성공했다.

그의 정신(마음)이 일에 대한 사고와 자세를 긍정적으로 바꾸었기 때문에 결과 또한 '그에 어울리는 상황'으로 찾아왔다. 정신(마음)이 일 쪽으로 주파수를 맞추면 맞출수록 '사고' 또한 새로운 인생 흐름을 만들어 냈기에 그에게는 더욱 많은 일들이 할당되었다. 나아가 현실을 겸허히 받아들이고 온 힘을 쏟으면서 스스로의 가치를 높임으로써 내면의 풍성함도 맛보게 되었다.

그가 인생에서 벌어지는 일들에 대한 '원인과 결과의 관계'를 제대로 이해하지 못했다면, 그는 일이 주어진 의미도 모른 채 살았을 것이다. 어떤 사람이 뭔가를 열심히 구하면서도 그것을 손에 넣지 못하는 이유가 바로 여기에 있다. 그림자는 어떤 물체가 앞에 놓여 있어야만 생긴다. 아무것도없는 곳에 그림자가 생길 수 없는 법이다.

사람들이 가져다주는 풍요로움은 행동의 산물이다

활발하고 치밀한 계획 하에 사업을 전개해 나가는 기업은 계속해서 도약한다. 그러나 소임을 게을리 하고 불평불만만 늘어놓는 직원이 많은 회사는 노동력이 저하되어 결국엔 쇠퇴의 길을 걷게 된다.

인생이든 사업이든 사고와 행동이 다양한 조건의 흐름을 만들고, 자연 법칙에 따른 운명을 맞이한다. 다양한 특성을 가진 씨앗은 다양한 행동으로 표출되며, 감춰져 있던 내면적 특성을 성장시킴으로써 그 열매를 맺는다.

뿌린 대로 거둔다는 말처럼 좋은 열매를 맺든 나쁜 열매를 맺든 수확의 결과는 개인의 몫이다. 그 열매란 현재 마주하고 있는 현실일 수도, 수없이 반복된 삶과 죽음의 경험이 가져다 준 결과물일 수도 있다.

사람들은 죽음 앞에 서면 그 인생의 행위에 따라 '천국 아니면 지옥'으로 간다고 생각하지만 '천국과 지옥'은 이미 현실 속에 존재하고 있다. 부富를 이용하여 부정한 방법으로 부를 축적하는 사람은 결국 부의 위력에 고통을 당하는 상황에 부딪히게 될 것이다. 그러나 부질없는 욕망에 사로잡히지 않고, 작지만 떳떳하게 얻은 물질을 현명하게 이용하는 사람은 풍족함과 명예를 얻을 수 있다.

부정적으로 사고하고 행동한다는 것은 부정적인 운명에 몸을 맡기는 일과 같다. 친절하고 따뜻한 마음으로 주위의 사람들을 대하면 언젠가는 그들의 전폭적인 지지를 받으며 큰 행운을 맞이할 수 있다. 굳이 윤회나 환생을 믿지 않는다고 해도, 지금 살아가는 인생의 미덕과 부도덕의 결말은 반드시 되돌아온다.

능력과 의식 수준을 스스로 높여 가는 사람들이 사회적으로도 주목받을 날이 올 것이다. 어쩌면 지금이 바로 그때인지도 모른다. 단순히 의식 수준이 높은 몇몇 사람들이 늘어나는 데 그치지 않고, 사회와 정치를 개혁해 나가는 리더가 탄생할 수도 있다.

내가 바뀌면 인생도 변한다

개인이 뿌린 결과대로 열매를 맺듯 국가나 사회도 수확을 한다. 정권을 쥐고 있는 사람이 정직하고 정의롭다면 국가의 미래는 번영과 발전의 길을 걷게 된다. 그러나 부정과 폭력이 난무하는 사회에는 쇠퇴의 길만이 남아 있을 뿐이다.

임무에 성실하고 의욕적인 사람이 많을수록 그 사회는 변화한다. 고매한 인간성을 가진 사람들이 사회적으로나 정치적으로 미덕의 문화와 자기 계발에 전념하면서 대중을 이끌어 가는 국가에는 평화와 번영이 보장된다.

거대한 '자연의 법칙'은 은밀하면서도 정확한 공정성으로 인생에서 작용한다. 늘 눈물만 흘려야 하는 운명, 밝게 웃음 짓는 운명. 운명은 인간이 손수 씨실과 날실을 엮어서 짜 나가는 천과 같은 것이다. 이때 인생은 인간을 성장시키는 위대한 학교가 된다.

기쁨과 어려움을 거치면서, 미덕과 부도덕을 쌓아 가면서, 성공과 실패를 경험하면서, 진도가 느려 보이지만 확실한 지혜를 배우는 수업이 이어질 것이다.

이상에 미래가 투영된다

이상을 그려 보자. 미래의 이상은 지속적으로 그려질 필요가 있다. 마음을 최고로 두근거리게 만드는 것, 마음을 더욱 강하게 울리는 것, 실현에 대한 욕망이 큰 것을 가슴 속에 꼭 품어야 한다. 그 속에서 기쁨과 천국을 느낄 수 있다.

사람은 누구나 소망을 품고 그것을 실현하기 위해 노력한다. 이 기적인 소망의 실현이 진정한 만족을 가져올까? 맑고 순수한 소망을 품고 있는 사람이 난관에 부딪혔을 때 그대로 주저앉을까? 이런 일들은 절대로 없다. 모든 일은 '원인과 결과의 법칙'에 따라 이루어지기 때문에 이런 결과는 결코 발생할 수 없는 것이다.

지금의 처지는 평소 원하던 게 아니었을 수도 있다. 그러나 이러한 상태는, 높은 이상을 품고 그것을 향해 걷기 시작하면서 사라질 것이다. 높은 꿈을 가져 보라. 그러면 원하던 내 모습과 만나게 될 것이다.

이상은 미래를 예언하는 것이다. 지금까지 달성된 모든 위대한 업적도 처음에는 단순한 꿈에 불과했다. 떡갈나무는 한동안 도토

리 속에서 잠을 잔다. 새들은 알 속에서 깨어날 때까지 기다린다. 그리고 한 인간의 아름다운 미래가 실현될 때까지 천사들은 바쁘게 움직인다.

두려움 없는 평온한 마음으로 이상을 실현하기 위해 전진하라. 눈앞에 펼쳐진 미래가 이상으로 가는 방법을 가르쳐 준다고 믿어 보라. 여러 번의 기회가 차례로 나타날 것이다. 그때마다 하나씩 실행하라. '정의의 법칙'은 항상 올바르게 작동하고 더할 나위 없이 정확하게 올바른 결과를 가져다 줄 것이다.

이상이 세상을 이끈다

이 세상은 이상가理想家들에게 구원을 받아 왔다. 그들이야말로 이 세상을 이끌어 온 사람들이라고 할 수 있다. 인류는 슬프거나 괴로울 때 또는 힘들 때에도 이상가들의 아름다운 미래상을 보며 위로를 받곤 했다. 그런 이상가들이 잊힐 수는 없다. 그들의 아이디어가 그냥 묻힐 수 없는 것이다. 인류는 그들의 아이디어에 의존

하며 살고 있다. 마음 어딘가에서 그것이 언젠가는 현실이 된다는
사실을 알고 있기 때문이다.

이상가들은 미래를 만드는 사람이며, 천국의 건축가다. 이 세상
이 이렇게도 아름다운 까닭은 그들이 있음으로 해서다. 그들이 없
었다면 인류는 이미 오래 전에 생기를 잃어버렸을 것이다. 품위 있
는 이상을 세우고, 그 아름다운 미래상을 계속 보는 사람은, 언젠
가 반드시 그것을 현실로 만든다.

콜럼버스는 미지의 대륙에 관한 미래상을 계속 품고 있다가 결
국 아메리카 대륙을 발견했다. 코페르니쿠스는, 우주의 진정한 모
습에 관한 미래상을 계속 갖고 있다가 결국 그것을 증명했다. 석가
는 완벽한 평화로 가득 찬 정신세계의 미래상을 계속 추구하여 해
탈의 경지를 깨달았다.

마음에도 습관이 있다

좋든 싫든 마음의 습관은 그에 맞는 상황을 몸으로 표현한다. 맑

고 순수한 마음은 몸을 건강하게 만들지만 나쁜 마음은 몸을 병들게 한다. 나쁜 생각은 혈액을 탁하게 만들지만 맑고 순수한 생각은 혈액을 맑게 만든다.

마음을 고치지 않으면 식생활을 개선해도 아무런 효과를 볼 수 없다. 하지만 늘 맑고 순수한 생각을 하면 병이 들 걱정은 더 이상 하지 않아도 된다. 맑고 순수한 마음을 품으면 그 순간부터 자연스럽게 불순한 것들을 받아들이지 않게 된다.

악의, 선망, 분노, 불안, 절망은 인간의 몸에서 건강과 아름다움을 빼앗아 간다. 우울한 얼굴은 우연의 산물이 아니라 우울한 마음의 분명한 결과이다. 불순하고 어두운 마음 때문에 얼굴에 보기 흉한 주름이 지기도 한다. 인간은 신선한 공기와 햇빛으로 집안을 가득 채워 밝고 쾌적한 주거 환경을 만든다. 마찬가지로 마음을 기쁨과 선의로 채우게 되면 표정은 밝아지고 몸은 건강해지며 심신이 평온해진다.

생각이 인생을 바꾼다

　사람은 사고를 통해 인생을 파괴할 수도, 훌륭하게 변화시킬 수도 있다. 사색을 많이 하고 내면을 가꾸면 외면의 모습도 변화한다. 아무리 마음속 깊은 곳에 무언가를 감추려 해도 내면의 모든 것은 언젠가는 외면으로 나타난다. 불순하고 이기적인 마음은 불운과 불행을 부르고, 순수하고 이타적인 마음은 행운과 행복을 부른다.

　마음은 같은 성질의 것을 끌어 모으고, 그 이외의 것은 버리기 때문이다. 이 사실을 깨닫게 되면 우주를 지배하고 있는 '원인과 결과의 법칙'도 알게 된다. 인생에서 발생하는 모든 사건은 그 결과가 어떻든 간에 원인과 결과의 법칙을 따르는 것이다.

지금 여기가 성장할 수 있는 최적의 장소이다

　환경은 인간의 성장을 돕기 위해 존재한다. 환경을 조성하는 다양한 상황의 모든 면들은 인간의 생각과 밀접하게 연결된 채 그 마음을 절묘하게 반영하고 있기 때문이다.

　외부 세계로서 환경은 마음이라는 내면세계가 겉으로 드러난 모습이다. 그리고 환경은 좋든 나쁘든 최종적으로 그곳에 살고 있는 사람의 행복에 기여한다. 사람은 고뇌에서도 기쁨에서도, 분명 무언가를 배울 수 있기 때문이다.

　결국 지금의 환경이 어떠하든지, 모든 사람은 배우고 성장하기에 최적인 장소에 있는 것이다. 그리고 그 환경에서 필요한 것을 배우고 나면 곧 이어 새롭게 변화된 환경이 전개된다.

　스스로를 '환경의 피해자'로 믿는 사람은, 그 환경으로 인해 절망스러운 운명에 놓이게 될 수도 있다. 그러나 '나에겐 환경의 토대가 되는 토지와 씨앗(마음과 생각)이 있고 그걸 자유롭게 다룰 수 있는 힘이 내겐 있어!'라고 깨닫고 외친다면 어떤 환경도 지혜롭게 극복할 수 있다.

나쁜 일도 좋은 일로 바꿀 수 있다

혹시 '가난에서 벗어나고 싶다. 그러기 위해서는 스스로 단련하지 않으면 안 된다.'라고 생각하고 있는가? 어쩌면 그와 동시에, '생각할 시간도 공부할 시간도 많이 갖고 싶은데, 요즘 무리하게 일만 하고 있다.'라고 느끼고 있을지도 모르겠다.

만약 그렇다면, 주어진 자유 시간을 얼마나 효과적으로 사용하고 있는지 차분하게 점검해 봐야 한다. 자유로운 시간을 마냥 지루하게 보내고 있다면, 아무리 시간이 많아도 아무런 의미가 없다. 그렇게 하면 점점 게으름뱅이가 되어 갈 뿐이다.

자유 시간이 적고 가난한 것이 결코 '나쁜 일'이 아니다. 세상에서 말하는 나쁜 일도 결국은 모습만 다를 뿐, 좋은 일임에 틀림없기 때문이다. 나에게 일어나는 모든 일들은 어떤 형태로든 내가 스스로 성장하도록 돕는다.

미래를 위해 현실을 선용하라

인내와 희망과 용기를 키우기 위해 지금의 가난을 선용할 수 있다. 자유 시간이 적은 사람도 얼마든지 효과적으로 시간을 활용할수 있다. 혹시 지금 '저 상사는 무리한 일만 시키고, 상냥함이라곤 전혀 찾아볼 수가 없어. 정말 형편없는 사람이야.' 라고 생각하고 있지는 않은가? 만약 그렇다면 그 상황마저도 마음을 잘 다스리고 강화할 수 있는 절호의 기회로 활용해 보자. 그렇게 함으로써 힘든 상황을 정반대의 상황으로 바꾸어 가는 것이다.

불친절한 상사에게는 계속해서 상냥함과 경의를 보여라. 나의 모범적인 태도를 보고 그 상사는 자신이 잘못된 행위를 하고 있음을 간접적으로 깨닫게 될 것이다. 이것이 바로 가장 '좋은 일' 이 아닌가.

사람은 사고를 통해 인생을 파괴할 수도, 훌륭하게 변화시킬 수도 있다. 사색을 많이 하고 내면을 가꾸면 외면의 모습도 변화한다.

chapter 2

내 맘을
내 맘대로 하는 연습

사람은 눈에 보이지 않는 정신적인 힘을 가지고 있다.
내면에 숨어 있는 정신과 조응하도록
'나'를 컨트롤하고 조정해 가는 것이
내 운명을 사는 길이다. 인간은 미래의 '나'를
살리도록 현재를 살아감으로써 행복할 수 있다.
또한 현실의 모든 것들을 생산적으로
수용함으로써 마음에서부터 인생을 즐길 수 있다.
마음속으로 간절히 원할 때 영혼이 진실로
원하는 것이 나타난다. 이때 마음을 움직이는 힘도
강력하게 작동한다. 그런 힘과 함께 인내함으로써
모든 불행도 극복할 수 있게 된다.

마음이 올바르게
기능하고 있는 한
그 행동이
잘못되는 일은 결코 없다.

내 맘을
내 맘대로 하는 연습

: 훌륭한 인생을 살아가기 위해서는 에너지가 필요하다

　현명한 사람들은 이용 가능한 에너지가 무한하지 않다는 것을 알고 있기 때문에 그것을 효과적으로 사용하기 위해서 항상 노력한다. 하지만 그다지 현명하지 않은 사람들은 품위 없는 쾌락에 몸을 맡기고, 타인을 증오하거나 감정을 폭발하거나 무의미한 언쟁을 하거나 쓸데없는 참견을 하면서 귀중한 에너지를 낭비하고 있다.

　그들은 자신의 에너지를 능률적으로 사용한 덕분에 훌륭한 인생을 사는 사람을 부러워하면서 이렇게 말한다. "저 사람들은 얼마나 행운아인가!" 그들은 한숨을 쉬면서 의미 없이 에너지를 마구 낭비한다.

인생의 목표를 가지기 위해서 노력하라. 그리고 자신의 많은 능력을 사용하면서 자신의 일을 계속하라. 그렇게 목표를 향해 똑바로 걸어가야 한다. 타인을 부러워하거나 매도하거나 불필요한 말참견을 하면서 곁길로 빠지지 말아야 한다. 일상의 행동을 통해 자신이 설정한 인생의 목표로 향하도록 노력하라.

마음이 올바르게 기능하고 있는 한 그 행동이 잘못되는 일은 결코 없다. 물론, 때로는 좌절을 맛보는 일도 있다. 그러나 올바른 목표를 향해 있다면 다시 일어서고, 그것을 기회로 더 현명하고 더 강한 인간으로 성장하게 된다.

이처럼 목표를 달성하기 위해 노력하고 집중해서 자신이 해야 할 일을 계속하면 언젠가는 인생이란 것이 단순하고 행복하다는 사실을 깨닫게 될 것이다.

셀프컨트롤이 사람을 진정으로 풍요롭게 한다

현대를 과학의 시대라고 한다. 수많은 과학자들이 지금 이 순간에도 분석과 실험을 거듭하여 새로운 지식과 이론을 발견해 내고 인류는 그것을 바탕으로 지식을 넓혀 간다. 과학 기술로 말미암아 업무 시스템은 효율적으로 향상되었으며, 인류는 온갖 혜택을 누리며 살아가고 있다.

그러나 무언가 소중한 것들을 놓치고 있다는 느낌은 왜 드는 것일까? 아무리 풍족한 생활을 영위한다고 해도 이기적이거나 마음의 여유라곤 찾아볼 수 없는 사람만 가득한 세상이 진정 풍족하다고 할 수는 없기 때문일 것이다. 이 위기를 타개할 수 있는 길은 개개인의 '셀프컨트롤'에 있다. 지금부터 이 '셀프컨트롤'의 과학에 대해 살펴보자.

현대과학은 모든 환경 요소들 — 물질과 자연 현상과 그 파워까지 — 을 컨트롤하여 인간 생활에 활용하려는 연구를 진행하는 단계에까지 이르렀다. 과학적 지식이 빈약한 시대의 사람들은 내면적 요소와 정신적 작용에 더 큰 관심을 가지고 있었다. 그리고 그러한 추세는 현대에 이르기까지 명성을 떨치는 위대한 사상가나 철학가들을 탄생시키는 배경이 되기도 했다.

그들의 지식과 지혜는 대중 속에 널리 보급되어 있는 종교적 교리의 근간을 이루기도 한다. 성숙한 정신과 지식을 겸비한 사람은, 의지와 사고가 없는 자연의 흐름까지도 파악하고 예측함으로써 그 것에 대비하는 능력을 보이기도 한다. 그러한 능력은 도무지 이해 할 수 없을 것만 같은 자연의 장엄한 위력에 절대 뒤지지 않을 만 큼 대단한 힘이다.

의지와 지성으로 감정과 욕구를 컨트롤하는 것이야말로 개인의 운명, 나아가 국가의 운명을 좌우할 수 있는 원동력이 된다.

누구나 마음 다스리기의 달인이 될 수 있다

셀프컨트롤은 한마디로 마음(정신)의 과학이다. 다양한 과학 분 야에서 수많은 이론과 가설이 검증되고 사회에 구체적으로 실현됨 으로써 그 공적을 인정받듯, 마음을 다스리는 과학 역시 개인의 내 면적 요소나 행동을 통해 그 가치를 인정받는다.

셀프컨트롤이 뛰어난 사람일수록 지식과 인격도 뛰어나서 사회 와 세상에 큰 영향을 끼칠 수 있다. 과학자는 물리, 화학, 생물, 지학 등 세상의 자연 현상이 가진 힘을 연구하여 그것을 컨트롤할 수 있는 지식을 갖추어 나간다.

마음의 힘을 이해하고 컨트롤하는 지혜를 쌓아가는 사람 또한 마음을 이해하고 컨트롤하는 과학자라고 할 수 있을 것이다. 외부 세계의 다양한 현상에 자연과학이라는 불변의 법칙이 있듯이, 마음(정신) 세계에도 특유한 법칙이 있다. 이러한 사실을 경험으로 깨달아 나가는 것이 바로 셀프컨트롤이다.

마음을 가진 사람이면 누구나 '마음 다스리기의 달인' 즉 셀프컨트롤의 달인이 될 수 있다. 달인은 하루아침에 이뤄지는 게 아니다. 권위 있는 과학자 대열에 합류하기까지는 오랜 연구 기간과 수많은 역경의 극복이 요구된다. 그렇게 오랜 시간 업적을 쌓고 사회적 공헌도를 인정받아야 비로소 권위 있는 과학자가 될 수 있는 것이다.

마음의 과학자가 되기를 원한다면 끈질긴 인내심을 갖고 마음에 몰두해야만 한다. 그렇게 함으로써 셀프컨트롤의 지혜를 몸으로 체득하여 자신은 물론 주변 사람에게도 평화를 선물하는 달인이 될 수 있는 것이다.

마음을 다스리는 일만큼 힘겨운 일도 없다. 그 일은 타인이 알아 주거나 격려해 주는 일이 아니다. 인고의 시간을 홀로 견뎌내야만 하는 고독한 작업이다. 그러므로 마음의 과학을 추구하는 사람은 홀로서기를 명심하고, 뒤돌아보지 않으며, 당당하게 자신과 맞서 는 법을 배워야 한다.

과학의 5단계

일반적으로 과학자들은 다음의 5단계를 거쳐 연구를 진행해 나 간다.

1. 관찰-진지하게 객관적으로 사실을 포착한다.
2. 실험-관찰을 반복하면서 깨달은 사실을 바탕으로 법칙을 찾 아내기 위해 특정 조건을 설정한 후 검증을 시도한다. 철저하 고 논리적인 분석을 통해 가설과 이론이 올바른지 조사한 후 올바른 내용만을 사실로 남긴다.

3. 분류-관찰과 실험에 의해 확인되고 축적된 사실을 토대로 근
   본적 법칙이나 일정한 규칙을 발견해 내기 위해, 기준을 마련
   하고 그룹을 짓는다.
4. 추론-실험과 결과를 통해 일정한 현상의 법칙을 찾아내고,
   사실에 근거한 결과와 원리를 이끌어 낸다.
5. 인식-정확하고 객관적인 판단으로 사실을 증명하고 법칙을
   확립한다.

다소 딱딱하고 어렵게 느껴지지만, 과학자들은 기본적으로 이러
한 과정을 거쳐 사실을 검증하며 지식을 재정비해 나간다. 그러나
과학자들의 궁극적인 목적은 단순히 몇 가지 지식을 넓혀나가는
정도에 머물지 않는다. 그들의 사명은 사회와 국가, 나아가 인류
전체에 새로운 지식을 전파하고 개개의 삶 속에 그것을 체현體現
케 하는 것이다. 이 과학의 5단계는 과학자들에게 목적을 실현하기
위한 도구이자 협력자로서 중요한 의미를 갖는다.

지식은 실생활에 요긴하고, 개인들에게 평안함과 행복을 선사할
때 비로소 가치를 지닌다. 보석을 꼭꼭 감춰 두듯, 지식을 무조건

쌓아만 둔다면 연구의 가치는 반감할 수밖에 없다. 획득된 지식은 생활 방식과 인생에 긍정적인 도움을 줄 때에만 그 진가를 발휘하는 것이다.

마음을 다스리고 그것에 당당히 맞서는 작업은 분명 고독한 싸움이다. 하지만 가치를 높이는 그 지식을 올바르게 실천하고 많은 사람과 나누게 될 때 행복 바이러스는 널리 퍼질 수 있을 것이다.

마음과 맞서는 기본자세

앞에서 이야기한 과학의 5단계는 가장 기본적인 순서다. 그러므로 어느 한 단계라도 생략해서는 안 된다. 어떤 현상을 제대로 관찰도 하지 않은 상태에서 새로운 법칙과 지식을 얻을 수는 없지 않은가.

무언가를 알고 싶어 하는 사람은 이미 흥미의 대상이 되는 세계를 가지고 있는 것과 같다. 나아가 그 대상에 대해 '왜 그럴까.', '어째서 그렇게 되었을까.' 라는 의문을 품으며 해답을 얻기 위해 어떤 형태로든 행동을 하기 마련이다.

지적知的 호기심을 유발하는 대상은 대체로 무언가 모순되게 느껴지기도 하고, 다른 것과는 반대 방향에 있는 것처럼 보이기도 한다. 도무지 알 수 없는 혼돈의 상태인 경우도 있다.

이때 과학의 5단계를 한 단계씩 차분히 풀어 나가다 보면, 현상의 성질이나 패턴을 보게 되고 그 본질을 파악할 수 있다. 현상과 사물 속에서, 그것들을 발생시키는 요소들로 귀결되는 법칙을 찾아냄으로써, 무지에서 지식으로 나아가게 되는 것이다.

마음의 과학에서도 이 5단계는 매우 유용하다. 마음의 과학을 추구하고자 할 때는 의식을 외부가 아닌 내면으로 향하게 하되, 사물의 겉모양을 찬찬히 살피듯, 그 내면을 최대한 객관적으로 바라보아야 한다.

무지를 깨닫는 것에서 출발하기

우선 욕구와 감정, 나를 향한 의식 등 내 행동을 유발하는 생각

(동기)이나 생활 방식의 기준이 되는 사고(목적과 수단)를 찾아내야 한다.

셀프컨트롤이 익숙하지 않은 상태에서라면, 일관성 없는 사고와 생각이 욕구와 감정을 지배하는 경향이 강하다. 마음속의 욕구와 생각이 일치하지 않거나, 감정과 사고가 서로 충돌하는 등 많은 모순이 발생한다. 이런 상태에서는 상황과 환경을 올바로 인식할 수 없을 뿐더러, 평온한 마음으로 그것들에 대처할 수도 없다. 이럴 때는 되도록이면 복잡한 일을 회피하면서 고통과 불안에서 벗어나려는 생각만 하게 된다.

셀프컨트롤은 자신의 심적 상태를 있는 그대로 깨닫는 것에서 시작되어야 한다. '내 마음 정도는 알고 있지.'라고 자신 있게 대답하는 사람이 있는데, 그런 사람이야말로 자신을 전혀 모르는 사람이다.

지식 탐구는 '무지無知'를 깨닫는 것에서 출발한다. 자신을 제대로 컨트롤하지도 못하는 사람이 '난 나 자신을 잘 알아.'라고 자만하는 것은 바로 자신에 대해 '무지'하다는 증거다.

이제 '셀프컨트롤의 5단계'를 연습해 보자. 함께 따라해 보면서 마음을 정면으로 마주볼 수 있도록 노력해 보자.

: 셀프컨트롤의 5단계 연습

1단계 : 내면 관찰 – 마음의 움직임이나 상태를 관찰한다.

손전등으로 구석구석을 살피듯 내면을 관찰해 보자. 의식의 눈으로 마음의 아주 미묘한 움직임과 상태의 변화까지 주의 깊게 그리고 최대한 객관적으로 관찰해야 한다.

예를 들어 자기만족에 빠져 특정한 감정에 사로잡히거나 쾌락과 열광적인 흥분에 빠져드는 습관이 평소에 있었다면, 그런 상태를 경계하면서 가장 자연스럽고 편안한 감정과 생각에 잠기도록 해 보자. 이것이 셀프컨트롤의 첫 번째 단계다.

세상에 막 태어났을 때의 모습을 그려 보자. 오로지 본능적인 힘과 본질적인 기질만 가지고 있는 자연 그대로의 모습을. 그때의 나는 나를 억누르려는 분별력도 없을 뿐더러 과장하거나 꾸미는 재주도 전혀 없는, 무력한 존재다. 단순히 주어진 환경에 내던져진

하나의 생물체라 해도 좋을 것이다.

시간이 흐르면서 다양한 환경에 처하게 되고, 수많은 상황을 경험하면서 오히려 그것들에 지배당하는 것처럼 느껴지기도 한다. 그래서 본성이 제대로 발휘되지 못한 상태로 성장했을 수도 있다.

그러나 지금이야말로 나를 컨트롤하지 못했던 마음에 눈을 떠서 올바른 셀프컨트롤을 이뤄나가야 할 때다.

2단계 : 자기 분석 – 내 기질과 성질을 명확하게 파악한다.

마음의 움직임을 정확히 끄집어내고 분석하면서 나를 좀 더 깊이 알아가는 단계다. 우선 고통을 안겨다 주었던 마음 상태와 평화로움을 가져다주었던 마음 상태로 분류해 보자.

다양한 마음 상태와 습관은 특정한 색채를 띤 행동으로 표출되며 내가 감당해야 할 결과로 이어진다. 마음 상태와 행동이 야기한 결과는 절묘한 관계를 맺는다. 그 관계가 한 인간에게 얼마나 중대하고 의미 있는 것인지를 서서히 깨닫게 될 것이다.

'자기 분석'은 나를 분석 대상으로 하여 마음의 움직임과 상태를 조사함으로써 나의 본질을 명확히 밝혀 가는 과정이다.

3단계 : 조정 – 균형 잡힌 상태로 만든다.

관찰과 분석 단계를 거치면서 나의 기질과 심적 경향에 대해 확실히 파악할 수 있게 되었다. 더불어 마음 깊숙한 곳으로부터의 자극과 무의식 속에 감춰져 있던 감정에 이르기까지 많이 깨달았을 것이다.

'조정' 단계에서는 의식이라는 좀 더 성능이 뛰어난 도구를 준비하여 감추고 싶었던 마음의 오점이 남아 있지는 않은지 확인해 보도록 하자. 마음속에는 나약함과 제멋대로인 기질 그리고 고매한 성품이 공존한다는 사실을 알게 됐을 것이다. 나를 객관적으로 볼 수 있는 안목을 기른다는 것은, 타인에게 비춰지는 내 모습을 파악하는 능력과도 직결된다.

이 단계쯤 되면 주변 사람이나 친분 있는 사람들을 통해 투영된 내 모습이 보이기 시작한다. 있는 그대로의 내 모습과 마주하게 되면, 실수를 열심히 변명한다거나 쾌락을 추구하기 위해 나를 속인다거나 하는 일을 하지 않게 된다. 나를 비하하지도, 자만심에 사로잡히지도 않는다. 불행을 과장하지 않으며 꾸밈없는 내 모습을 인정하고 높이 평가한다.

이런 상태에 도달하면 셀프컨트롤을 통해 나를 어떻게 다뤄야 하는지, 내가 무엇을 해야 하는지 깨닫게 될 것이다. 내 마음을 주체하지 못하는 고통에서 벗어날 수도 있다. 내 의식(사고나 생각)이 상황이나 물질에 작용하는 법칙을 간파함으로써 바람직한 패턴(긍정적 법칙)에 마음을 맞춰나갈 수 있게 된다.

'조정 단계'는 마음속 깊이 뿌리내린 잡초를 제거하는 작업이다.

농작물을 심기 전에 땅을 고르고 잡초를 뽑듯, 마음속의 부정적인 내면 요소를 걸러내는 것, 바로 마음을 정화하는 일이다. 그러고서 풍성한 인생의 열매를 수확하기 위해, 평온한 마음의 밭에 올곧은 행동의 씨앗을 뿌려야 한다.

4단계 : 적응 – 사고와 행동을 바른 궤도에 진입시킨다.

고통과 기쁨, 불안과 평안, 슬픔과 환희. 마음과 정신이 바람직한 패턴에 맞춰 작동함으로써 내 사고와 행동을 조정한다는 작은 법칙을 깨닫고 나면 좀 더 커다란 법칙이 세계를 움직인다는 사실도 알게 될 것이다.

이 법칙은 '중력의 법칙'만큼이나 영원불변하는 위대한 법칙이다. 모든 사고와 행동이 이 법칙에 따라, 공정한 결과를 만들어 내는 궤도를 만든다. 이 법칙의 공정한 룰rule에 마음과 행동을 맞춰 나가 보자.

정상적인 궤도에 오른 사람은 일의 과정이나 방향성을 무시한 채 행동하지 않는다. 정의에 근거한 법칙에 알맞은 사고로 행동하기를 잊지 않는다. 법칙에 있어 정의란 누군가의 판단이 올바르고 공정하다는 의미와는 질적으로 다르다. 그것은 시대와 조건에 따라 수시로 변하는 것이 아니다. 영원불변하는 것이다.

올바르게 살아간다면, 더 이상 악한 마음과 부정적인 상황 때문에 고민하거나 힘들어하지 않게 된다. 나와 환경을 멋지게 컨트롤하는 관리자가 된다. 정신 에너지를 무의미한 곳에 허비하지 않고, 가치 있는 목적을 실현하는 일에 발휘할 수 있다.

'원인과 결과의 법칙'은 나를 확실히 컨트롤함으로써, 정의를 거스르는 사고와 행동에 유혹되지 않는 사람으로 거듭나게 한다. 이제 과거의 잘못과 슬픔에서 벗어나 무지와 불안을 극복하고 강하고 힘찬 삶을 시작할 수 있게 될 것이다.

5단계 : 각성 – 진실과 지혜와 동행한다.

건강한 사고와 올바른 행동은 정신의 가치를 높이며, 그 사람의 마음을 신성한 법칙의 궤도에 올려놓는다. 신성한 법칙이라 함은, 그것이 모든 사람이 맞닥뜨리는 상황과 문제의 원리로서, 개인뿐 아니라 국가의 운명까지도 그 영향 아래 두기 때문이다.

셀프컨트롤 능력을 키워 나가다 보면 진실한 지혜에 눈뜨게 된다. 무지를 깨닫고 지식을 쌓으며, 그 지식을 삶 속에서 지혜로 바꾸어 나가는 사람이야말로 마음의 과학자다.

셀프컨트롤을 올바르게 깨달은 사람은 모든 이들에게 행복과 도움을 베풀 수 있는 지식이 내 안에 있다는 사실도 깨닫게 된다. 누구에게나 적용되는 보편적 지혜를 인생에서 찾아낼 뿐만 아니라, 사람들을 대할 때도 본질적으로 변함없는 사고와 행동을 드러낼 수 있을 것이다. 어떤 상황이나 문제에 직면할지라도 언제나 고귀한 사고와 세련된 행동으로 그 사람에게 어울리는 긍정적 결과를 낳을 수 있다.

지식과 지혜를 많은 사람과 공유하라

신성한 평화를 전파하는 지혜는 단순히 나만을 위한 성과에 그치지 않는다. 셀프컨트롤에 관한 지식을 갈망했던 이유는, 나에 대해 올바르게 알고 컨트롤함으로써 인생을 긍정적인 방향으로 전환하고 싶었기 때문일 것이다. 그러나 5단계까지 완주한 후, 행복의 길에 들어섰다고 해서 만족한다면 더 이상의 발전은 없을 것이다.

5단계를 초월하는 다음 단계가 남아 있다. 그것은 이 지식과 지혜를 많은 사람들과 나누고 공유하는 소중한 작업이다. 개인적인 이익과 행복에만 머무르지 말고, 내가 깨달은 지식과 지혜로 이루어 낸 세계를 많은 사람들에게 널리 전파해 나가자. 이 작업을 성공적으로 해내면, 지금보다 정신적으로 훨씬 풍성한 사람이 될 수 있다.

무엇이 올바른 사고이고 또 그릇된 행동일까?

나와 정면으로 맞서지 못하고 마음을 정화하지 못하는 사람은 자신의 과오와 실수를 보지 못한다. 일단 문제를 피하고 보자는 안이한 생각에 빠지고, '어떻게든 해결되겠지.' 하는 식으로 손을 놓아 버림으로 또 다른 고통을 맛보게 될 뿐이다. 일시적으로는 고통에서 벗어날 수 있지만, 그 고통은 사라지지 않고 여전히 주위를 맴돌고 있기 때문이다. 결국 더 큰 괴로움을 당하고 자포자기에 빠지게 되는 것이다. 이는 인간의 행동을 규정하는 원인이 내면에 있다는 보편적 법칙을 간과한 탓이다.

그러나 셀프컨트롤 5단계를 완전히 체득한 사람은 그가 세계를 움직이는 법칙의 궤도에 맞춰 살아가고 있음을 알게 될 것이다. 아름다운 생각과 올곧은 행동을 정확히 판단할 수 있는 지식과 지혜로 내 인생을 개척하는 것이다.

올바르고 긍정적인 마음 밭에 뿌리내린 사고로 살아가는 사람은 문제나 상황, 사람들을 판단할 때 단순히 기분을 기준으로 삼지 않는다. 오로지 올바른 방법과 정직한 길을 선택하면 되기 때문이다. 그에게는 후회할 일도 없게 된다. 마음이 거대한 자연 법칙을 따르기에 고통과 아픔을 맛보지 않으며 모든 것이 순조롭게 풀려나가기 때문이다.

불행은 내 이기적인 행동에서 비롯된다

이 세상에 존재하는 많은 불행의 원인이 이기적인 생각과 행동에 있다는 것을 인정하는 사람은 많다. 그러나 그들은 그 이유가 '다른 누군가의' 이기적인 행동 때문이라는 망상에 사로잡혀 있다. 내가 불행한 원인을 '나의' 이기적인 행동 때문이라고 인정하는 사람은, 낙원으로 향하는 문에서 그리 멀지 않은 곳을 걷고 있는 셈이다. 하지만 내 행복을 빼앗아 가는 것이 '다른 누군가의' 이기적인 행동 때문이라고 믿는 사람은 스스로가 만든 인생의 감옥 속에서 평생 머물러야 할지도 모른다.

행복은 내면이 완벽하게 만족하는 상태다. 내면에서 느껴지는 깊은 기쁨이다. 그 상태에서는 어떤 욕망도 존재하지 않는다. 욕망을 채움으로써 얻는 만족은 일시적인 기쁨이기에 그 후로도 계속해서 더 큰 만족을 바라는 욕구가 생길지도 모른다. 욕망은 지옥의 성분이며, 많은 고뇌를 낳는 부모다. 욕망을 버릴 때 진정한 성공과 풍요로움 그리고 행복에 가득 찬 천국을 얻게 될 것이다.

결코 인생에 우연이 존재할 수 없다

사람은 마음에 품은 무언가를 끌어당긴다. 정말로 사랑하는 무엇과 두려워하는 무엇을 끌어당기는 것이다. 그것들은 환경을 통해 그에게 다가온다. 이 방대한 우주에는 절대적인 법칙이 있다. 인간은 우주의 일부 그의 인생도 우주의 법칙에 지배를 받는다. 그것은 '원인과 결과의 법칙' 혹은 '정의의 법칙'으로 알려져 있다. 사람은 그 법칙에 따라 항상 있어야 할 장소에 있게 된다. 지금까지 생각해 온 일(원인)이 현재의 환경(결과)으로 인도한 것이다. 인생에서 우연은 결코 존재하지 않는다.

사람은 지금까지 생각해 온 일의 결과에 따라 좋든 싫든 간에 가장 잘 어울리는 환경에서 살고 있는 것이다.

현명한 사람은 마음을 잘 다스린다

성공한 사람은 존경받는 사람이 되기 위해 노력한다. 타인을 존중하고 나를 소중히 여겨야 한다. 타인을 배려하면서 내 길을 선택하고 두려워하지 말고 당당히 앞으로 나아가야 한다. 현명한 사람은 진정으로 성공한 사람이다. 그들은 더할 나위 없이 상냥하고 확신에 찬 따뜻한 감성과 냉철한 이성을 가졌다.

진정으로 현명한 사람은 자신이 옳다고 믿는 일에 다른 사람의 존중을 이끌어 내는 사람, 양심의 목소리에 따라야 한다. 그는 많은 사람에게 경의를 표해야 한다. 다른 것을 믿는 사람도 존중해야 한다. 현명한 사람은 마음을 잘 다스리지만 어리석은 사람은 마음에 지배당한다. 이것이 현명한 사람과 어리석은 사람의 가장 큰 차이점이다. 현명한 사람은 자신이 어떻게 생각해야 하는지 알고 있기 때문에 어떤 일에도 마음이 흔들리지 않는다. 그러나 어리석은 사람은 곳곳에서 발생하는 사건에 마음이 흔들려 고통스러워한다. 고통스러운 삶을 살지 않으려면 마음을 잘 다스리고 이기적인 생각을 버려야 한다. 일반적으로 어리석다고 여겨지는 이기적인 생각은 인간을 실패와 불행으로 이끈다.

이기적인 생각은 곧 잘못된 생각이다. 그것은 기도를 해도 봉사를 해도 결코 사라지지 않는다. '잘못된 생각'을 없앨 수 있는 유일한 길은 바로 '올바른 생각'을 하는 것이다. '올바른 생각'은 진정한 성공과 안식을 가져다준다. 그러므로 올바른 자세와 올바른 생각으로 인생을 살아가야 한다.

행복은 내 안에 있다

　다른 사람들과 마찬가지로 행복의 세계를 지나치게 동경해서 무덤의 저 편에 있는 천국으로 가기를 원한다면 지금 당장이라도 천국으로 들어갈 수 있는 간단한 방법이 여기에 있다. 천국은 바로이 우주이며 개인의 내면에도 존재한다. 천국은 개개인이 자신을발견하고 체험하기를 애타게 기다리고 있다. 남들이 행복을 찾아여행을 떠나더라도 절대 그들을 따라가서는 안 된다. 행복은 바로내 안에 있기 때문이다. 내면에서 행복을 찾아라. 마음만 먹으면지금 당장이라도 행복을 찾을 수 있다.

　많은 사람들이 필사적으로 행복을 추구하고 있다. 하지만 행복을 얻기 위해 필사적으로 노력할 필요는 없다. 이기적인 마음을 버리고, 친절하고 순수한 마음으로 살아가면 누구나 행복을 얻을 수 있기 때문이다.

많은 사람들에게 선의를 베풀어라. 이기심과 탐욕과 분노를 버려라. 그렇게 하면 인생이 부드럽게 불어오는 산들바람처럼 포근해질 것이다. 이기심과 탐욕과 분노를 버리지 못하면 불안과 불행은 영원히 내 곁을 떠나지 않을지도 모른다. 하지만 '정의의 법칙'을 신뢰하고 그에 따라 살고자 하는 결의를 굳건히 한다면 반드시 행복한 삶을 살게 될 것이다.

행복해지는 방법을 모르는 사람은
아무것도 모르는 것과 같다

행복해지는 방법을 모르는 사람은 아무리 많은 지식이 있어도 아무리 성서와 친숙하다고 해도 아무것도 배우지 않은 것과 같다. 진정한 행복을 얻는 과정에서라야 인생의 진리를 배울 수 있기 때문이다.

　타인이 어떤 악의를 보일 때도 한시도 행복을 잊지 않고, 평온한 마음으로 친절하게 행동하는 사람은 그러한 행동을 통해 인생의 진리를 잘 알고 있다는 사실을 겉으로 드러내는 것이다.

　진정으로 인간다운 위엄을 가지고 친절하게, 행복하게 살고 싶다면 그 결심을 하는 순간부터 행복하게 살아갈 수 있다. 마음을 올바르게 다스리고 이기적인 생각을 배제하는 일이, 참된 행복을 손에 넣는 유일한 길이다. "환경이 방해하고 있다." 그런 말은 두 번 다시 하지 마라. 환경은 인간이 앞으로 나아가는 것을 결코 방해하지 않는다. 환경이 존재하는 이유는 바로 나를 돕기 위해서다. 내 주변에서 일어나는 일 전부가 내 성장에 공헌한다.

　처한 환경을 탓하지 말고 나 자신을 탓하라. 내가 바로 나의 주인이다. 지금 만약 불행한 상황에 놓여 있다면 제대로 다스리지 못하는 어리석은 주인이라고 할 수 있다. 어떤 상황에 놓이더라도 항상 나의 주인이 되어 그 상황을 지배해야 한다.

　인생에 대해 깊이 생각하고 그 뿌리를 지배하는 법칙을 깨닫고, 그에 따라 인생을 살아가기 시작할 때 '현명한' 주인으로서 진정한 행복을 느끼게 된다.

⋮ 마음을 다스리지 못하는 삶은 이미 죽은 것이다

마음을 다스리지 못하는 사람, 짐승처럼 욕망대로 살아가는 사람에게 인생을 제대로 살고 있다고 말할 수 없다. 마음을 다스리지 못하면 진정한 행복을 느끼지 못하고 단순한 쾌락만을 추구하게 된다. 이런 사람은 마음을 잘 다스리면 더 큰 행복을 얻을 수 있다는 사실을 깨닫지 못한다.

마음을 다스리는 일을 게을리 하면 고뇌에 빠지게 된다. 마음을 다스리지 못하는 사람은 고뇌에서 벗어나는 방법을 알지 못한다. 삶에서 이성을 떼어놓으면 마음을 다스릴 수 없다. 그것은 죽은 삶이다. 그러나 마음을 잘 다스리면 새로운 삶을 살게 된다. 마음을 다스리지 못해 방황했던 기억은 잊고 이성과 지혜를 발휘하여 아름다운 삶을 만들어 갈 수 있다.

chapter 3

인생에서도
작동하는 인과법칙

모든 것은 법칙 아래 존재하고
운동하도록 만들어졌다. 이 법칙을 무시하거나
벗어날 수 있는 힘은 어디에도 없다.
따라서 '거대한 자연의 법칙'을 이해하고,
그 위력을 거스르지 않으며 살아가는 것이야말로
가장 현명한 지혜다. 자연의 일부인 인간도
마찬가지이다. 다양한 생활 방식과
변화무쌍한 행동 양식으로 살아가지만, 인간 역시
'거대한 자연 법칙'에서 벗어날 수는 없다.

법칙은 모든 변화를 아우르고
다시 완벽한 조화를 만들어 내는데,
그 힘은 가장 선하고 고귀하면서도
현명한 지혜라고 불린다.

인생에서도
작동하는 인과법칙

법칙은 완벽한 조화를 유지해 나간다

'모든 결과에는 필연적인 원인이 있다.' 이 명제는 '과학 법칙'의 근본적인 사고방식이지만, 인간의 행동과 결과를 유심히 살펴보면 이 거대한 자연의 법칙이 인생에도 공평하게 적용된다는 사실에 놀라움을 금치 못하게 된다.

과학 세계에서는 티끌만한 먼지에서부터 거대한 은하계에 이르기까지, 인간과 지구를 포함한 우주 전체가 물리적으로 완벽한 조화를 이룬다고 본다.

은하계를 살펴보면 무수한 항성들이 우주 공간에 존재하고, 항성 주변으로는 정해진 궤도를 따라 혹성이 돌고 있음을 알 수 있다. 웅장한 위용을 자랑하는 성운, 운석, 바다 그리고 엄청난 속도로 돌진해 오는 혜성까지, 이 모든 것이 오묘한 질서와 규칙 속에 움직이고 있다.

자연 세계도 마찬가지이다. 질서 정연한 법칙 아래에서 완벽한 조화를 이루며 순환하고 있다. 그 자연의 일부인 인간은 어떨까? 인간 역시 다양한 생활 방식과 변화무쌍한 행동 양식으로 살아가지만 '거대한 자연 법칙'에서 벗어날 수는 없다.

우주와 자연은 그 규칙을 위협하는 움직임이 하나라도 생기면 연쇄적으로 변화하기 시작한다. 질서가 무너진 혼돈 속에는 더 이상 조화가 있을 수 없다. 법칙은 모든 변화를 아우르고 다시 완벽한 조화를 만들어 내는데, 그 힘은 가장 선하고 고귀하면서도 현명한 지혜라고 불린다.

모든 것은 법칙 아래 존재하고 운동하도록 만들어졌다. 이 법칙을 무시하거나 벗어날 수 있는 힘은 어디에도 없다. 따라서 '거대한 자연의 법칙'을 이해하고, 그 위력을 거스르지 않으며 살아가는 것이야말로 가장 현명한 지혜다.

일단 원인을 선택하면 결과는 바꿀 수 없다

'모든 결과에는 필연적인 원인이 있다.'라는 명제는 보이는 세계는 물론, 보이지 않는 정신세계에도 적용된다. 아무리 비밀스럽게 한 '사고와 생각'이더라도 자연의 법칙에 따라 어떤 형태의 결과를 초래한다. 나의 행동 역시 다른 사람들 눈에 띄든 안 띄든 일정한 결과를 낳는다. 거대한 자연 법칙에 따라 나타나는 인과관계는 어떤 힘으로도, 그 누구도 피해갈 수 없는 것이다.

> 올바른 행동을 하면, 그에 상응하는 좋은 결과가 나오고
> 잘못을 하면, 역시 그에 따른 결과가 기다린다.
> 적절한 행동만이 적절한 결과를 낳는다.

우주는 완벽한 공정성과 규칙 속에서 움직이고 있다. 그 일부인 인간의 행동과 인생 흐름도 결국 같은 법칙의 절대적인 영향을 받게 되어 있다. 현재 지구상에서 벌어지고 있는 모든 현상이나 사건들은 하나같이 '원인'에 의해 잉태된 것들이다. 그 어떤 결과도 예

외일 수 없다.

　나의 행동은 또 하나의 원인이 되어 현재나 미래에 어떠한 결과를 가져온다. 그리고 원인의 질과 결과의 질은 일치한다. 특히 유의할 사실은, 결과를 만들어 내는 원인은 선택 가능하지만, 원인을 통해 표출되는 결과는 절대 바꿀 수 없다는 점이다. 어떤 생각과 사고로 행동할 것인가 하는 것은 사람이 결정할 수 있는 영역이지만, 그로 인한 결과는 바꿀 수 없는 것이다. 모든 것은 공정한 법칙에 의해 움직이며, 그에 합당한 결과로만 이어진다.

　　⋮　　　　　　　　　인생은 단순한 계산 문제이다

　인간에게는 행동하는 자유와 능력이 있다. 그러나 아이러니하게도 행동의 결과를 조작할 능력은 없다. 행동의 결과를 변경하거나 삭제하는 일은 불가능하다. 불순한 생각으로 행동하면 당연히 고통스럽고 부정적인 결과를 맞이하고, 올바른 사고를 가지고 행동하면 행복한 결과를 선물 받을 것이다.

　행동의 질이 결과의 질과 내용을 결정한다. 이 진실만 명확히 이해하면 인생에 대한 해답은 단순 명쾌해진다. 과학과 기술의 발전으로, 구불구불한 산길을 시원하게 뻗은 고속도로로 만들 수 있는 것처럼, 이 법칙을 완벽하게 소화하면 인생의 흐름을 바꿀 수 있다. 더불어 고통과 슬픔의 출구를 찾아낼 수도 있으며, 그 문을 여는 힘도 얻을 수 있다. 모든 사고와 행동에 풍부한 지혜와 지식이 훌륭히 접목될 수도 있을 것이다.

　인생이란 어쩌면 '간단한 계산 문제 같은 것' 인지도 모른다. 공식과 구구단조차 모를 때는 아무리 쉬운 수학 문제도 복잡하고 난해하지만, 일단 공식과 원리를 이해하고 나면 어려운 문제도 일사천리로 명쾌하게 풀린다. 마찬가지로 모든 현상과 문제를 완전히 파악하고 인식하면, 인생을 단순하고 명료하게 풀어 나가는 방법은 저절로 알게 된다.

　틀린 공식으로는 같은 문제를 몇 백 번 풀어도 틀린 답이 나올 수밖에 없고, 비뚤어진 자로 수 백 번 재 봤자 틀린 치수만 나온다. 정확한 방법과 도구만 있으면 단 한 번에 성공할 수 있다는 사실을 외면한 채, 얼마나 먼 길을 돌아오고 있었는가.

정확한 공식을 깨달은 학생은 정답을 쓸 수 있을 뿐 아니라, 어느 부분이 틀렸는지도 알 수 있다. 정확한 공식으로 정답을 찾아낼 수 있다는 확신에 넘치는 사람은 어떤 문제, 어떤 상황이 닥쳐도 당당히 맞설 수 있다.

2×5 = 11이 아니다

계산 문제에 손도 못 대던 학생이 올바른 계산법을 터득하게 되기까지의 과정을 한번 살펴보자. 그 학생은 일부러 틀리게 계산한 것이 아니다. 나름대로 최선을 다하고 '이번에는 맞았겠지'라고 생각했을 것이다. 그러나 몇 차례 틀리다 보면 확신도 없어지고, '또 틀린 게 아닐까' 하는 불안감도 생긴다.

문제를 풀고야 말겠다는 의지를 가진 사람이라면, 틀렸다는 지적을 당했을 때 재빨리 자신의 실수를 눈치 챈다. 그리고 조금만 설명을 들으면 이해할 수 있다. 마찬가지로 그동안 잘못된 방식으로 살아온 사람이라도 그것을 인정하고 새롭게 살아가려는 의지가 있다면, 얼마든지 새 삶을 사는 것이 가능하다.

어떻게 살아야 하는가에 대한 해답(계산법)을 모르기 때문에 인간
은 불안해하고 고민한다. 학창 시절을 돌이켜 볼 때, 공부도 안 하
면서 시험 시간이면 늘 커닝을 하여 좋은 점수를 따는 친구들이 있
었다. 그러나 선생님은 그 친구가 정말로 그 문제를 아는지 모르는
지 분명히 알고 계셨던 기억도 난다.

여기서 더욱 중요한 문제는, 계속해서 커닝을 하는 한, 그 친구
는 영원히 그 문제를 풀 수 없다는 사실이다. 정답을 바꿔 쓸 수는
없는 노릇이다. 얼핏 들으면 나름대로 논리도 있고 맞아떨어지는
부분도 있겠지만, 오답은 오답일 뿐이다.

2×5에서 10이라는 답 외에는 나올 수가 없다. 만약 어떤 학생이
2×5가 11이라고 적은 답안지를 내놓았다면, 그것은 구구단에 대한
지식이 없기 때문이다. 설령 11이라고 우긴다고 해도 그것은 11이
면 좋겠다는 바람에 지나지 않으며, 일종의 망상과 같다. 2×5는
영원히 10이기 때문이다.

한 장의 천은 씨실과 날실의 완벽한 조화다

한 장의 천은 평범하게 보면 하나의 천 조각에 지나지 않는다. 그러나 꼼꼼히 들여다보면, 미세한 씨실과 날실이 정교하게 교차하면서 한 장의 완벽한 직조물 곧 천이 완성되었음을 알 수 있다. 씨실과 날실은 서로 조화를 이루며 공존하는 관계다. 그런데 이들이 자신의 역할을 저버린다면 천은 완성될 수 없다.

인생도 한 장의 천과 같다. 이때 씨실과 날실은 개인의 생각과 사고를 표현하는 생활 방식이다. 모두 날실일 수 없고 모두 씨실일 수 없듯이, 인생도 모든 것이 제 몫을 다하면서 조화를 이룰 때만이 아름다운 모습을 나타낼 수 있다.

날실이 꼬여 있으면 천 자체가 뒤엉키게 되고, 씨실이 너무 엉성해도 역시 촘촘한 천이 만들어질 수 없다. 천의 가로 쪽의 문제는 날실, 세로 쪽의 문제는 씨실 때문이라는 뜻이다. 인생이 복잡다단하게 보이는 것도 사고와 생각이라는 날실과 씨실이 고통과 환희를 절묘하게 만들어 내면서도 복잡하게 어우러져 있기 때문이다.

잘못된 원인 끝에 잘못된 결과가 있다는 것은 단순하고도 명쾌한 진리다. 질 나쁜 실로 짠 천이 좋을 리 없듯이, 멋대로 사고하고 무책임한 행동의 실로 짠 인생이 결코 아름다울 리 없다.

내 사고와 행동은 날실과 씨실이 되어 내가 입을 옷을 만든다. 입을 옷을 스스로 만드는 작업이기에 타인에게 책임을 물을 수 없다. 마찬가지로 다른 사람의 옷에 대해서도 그에게 책임을 추궁할 수 없다. 내 생각과 행동을 관리하고 책임져야 할 사람은 바로 나이기 때문이다.

:   모든 것은 원인과 결과의 완전한 관계다

'재앙의 원인을 다른 곳에서 찾지 말라. 네 자신의 사고와 행동 방식, 그것이 바로 재앙의 근원이다.' 이 말은 프랑스 계몽기의 위대한 사상가 장–자크 루소Jean-Jacques Rousseau가 남긴 명언이다. 모든 어려움은 내 행동에서 비롯된다. 행동이 올바르면 모든 어려움과 문제는 말끔히 사라진다.

미국의 저명한 사상가인 에머슨Ralph Waldo Emerson은 이런 말

을 남겼다. '은혜와 보답, 어느 한 쪽도 손해 보거나 기우는 일이 없다. 이 세상의 모든 것은 완전하고 공정한 균형을 유지하고 있기 때문이다.'

원인과 동떨어진 성격의 결과가 생기는 일은 있을 수 없다. 모든 언어와 말은 반응을 일으키고 행동은 효과를 불러온다. 반응과 효과는 말과 행동 자체와 완벽하게 일치되어 있다. 이는 마치 원인과 결과도 완벽하게 균형을 유지하고 있는 것과 같은 이치다.

원인과 결과는 동시에 일어나기도 한다. 예를 들면 나쁜 생각이나 다소 비겁한 생각을 하면, 바로 그 순간부터 그 사람은 조금씩 불안에 떨게 되고, 결국엔 불행한 결말을 맞는다. 게다가 그런 생각이 말로써 표현되어 귀에 들려오는 그 순간, 마음은 이미 평온함을 잃은 채 고통스러워할 수밖에 없다.

나쁜 생각을 하고 말이나 행동으로 그것을 표출하는 사람은 서서히 스스로를 비참하고 불행한 인생으로 몰아가고 있는 것과 다름없다. 그러나 늘 남을 배려하고 긍정적인 생각을 하는 사람은 바로 그 시점부터 높은 품격과 행복으로 물들기 시작한다. 나아가 배려와 긍정적 사고를 바탕으로 한 말과 행동은 그 사람에게 정신적인 성숙은 물론 진정한 행복을 가져다준다.

　행동은 개인의 장점과 단점은 물론 긍정적인 면과 부정적인 면 모두를 적나라하게 드러낸다. 그리고 마음속에서는 원인과 결과가 완벽하게 균형을 이루어 인생을 행복하게도 하고 불행의 나락으로 떨어뜨리기도 한다.

　마음에 부지불식간 떠오르는 생각, 주체적인 사고, 이 모든 것은 행동으로 드러난다. 말과 행동은 바로 나를 표현하는 도구이자 방법이다. 불안하거나 초조할 때, 몹시 불행하다고 느껴질 때, 큰 어려움 속에서 힘들어 할 때, 일단 나부터 되돌아보기 바란다. 그런 어려움의 근본 원인은 그 무엇도 아닌, 바로 나에게 있음을 깨닫게 될 것이다.

　　：　　　　　　　　생각을 계속 숨길 수는 없다

　'나는 내 생각을 끝까지 숨길 수 있어.' 라고 착각하는 사람이 있을 수도 있다. 그러나 그것은 불가능하다. 생각은 행동과 함께 더 나아가 환경을 통해 겉으로 드러나기 때문이다. 이기적인 생각은 독선적인 행동과 더 나아가 고민과 괴로움으로 얼룩진 불행한 환경으로 나타난다. 두려움은 불신하게 하고 긴장과 불안으로 떨게 한다. 그리고 그것은 궁핍한 환경으로 드러난다. 증오는 공격적이고 가시 돋친 행동과 싸움과 불안으로 얼룩진 환경으로 나타난다. 그러나 타인을 배려하는 마음은, 친절하고 성의 있는 행동과 기쁨으로 충만한 행복한 환경으로 그 모습을 드러낸다.

용기 있는 생각은 신념으로 가득 찬 행동과 자유롭고 풍요로운 환경으로 그 모습을 나타낸다. 사랑으로 가득한 생각은 상냥하고 유쾌한 행동과 더불어 평화로운 환경을 만든다.

나쁜 일에서도 많은 것을 배울 수 있다

"인생은 나쁜 일의 연속이야."라고 말하는 사람을 자주 본다. 분명히 '나쁜 일'은 이 세상 도처에서 발생하고 그것은 끊임없이 고뇌와 슬픔을 가져다준다. '난 지금 절대로 벗어날 수 없는 나쁜 그

물에 걸려서 꼼짝달싹 못하게 되었다.' 라고 느끼고 있는 사람도 적지 않다. '나쁜 일'에서 도망칠 길은 없는 것일까? 고뇌와 슬픔에서 멀어질 수 있는 방법은 정말 존재하지 않는 것일까? 영원한 행복과 풍요로움, 평화는 덧없는 꿈에 불과한 것일까?

아니다. '나쁜 일'을 영원히 추방할 수 있는 방법은 틀림없이 존재한다! 누구나 병, 가난 그리고 그 밖의 모든 '나쁜 일'을 극복하고 오래도록 이어질 건강, 풍요로움, 행복을 가질 수 있다. 나쁜 모든 일은 '원인과 결과의 법칙'에 따라 일어날 만하기 때문에 일어나는 것이다.

만약 '나쁜 일'이 일어났다면 그가 그럴 만한 사람이었거나 그것으로부터 무언가를 배울 필요가 있었기 때문이다. '나쁜 일'을 통해 배울 때마다 더 강하고 현명하며 더 고상한 인간으로 성장할 수 있다. 마음속을 끊임없이 들여다보고 분석하라. 그러면 언젠가 내면에서 '나쁜 일'의 원인을 찾을 수 있게 될 것이다. 나아가 그 원인을 없애려고 노력할 때, 진정한 의미에서 무언가를 배우게 된다. 나쁜 일에서도 분명 많은 것을 배울 수 있다. 그러면 그것은 더 이상 나쁜 일이 아니다.

chapter 4

의지력을
강화하는 연습

강인한 마음이 없으면 아무것도 이룰 수 없다.
마음먹은 일을 실현하려면 '의지력'이 필히 요청된다.
해야 할 일을 완수하는 힘은 강인한 의지뿐이다.
이 힘은 일회적인 경우뿐 아니라 기나긴 인생을
살아갈 때도 꼭 필요한 능력이다.
'강인한 마음', 절대 동요하지 않는 확고한 의지력을
키워나가는 작업은 성장에 절대적인 과제다.
우선 마음속에 확실한 목표를 세우는 일부터 시작하자.
목표는 어떤 것이라도 좋다. 목표 없이 살아가는 것만큼
불행하고 지루한 인생은 없다.

나쁜 습관을 포기하지 않는 것은
나를 컨트롤할 수 있는
권리를 포기하는 것과 같다.

의지력을
강화하는 연습

마음속에 확고한 목표를 세워라

    강인한 마음이 없으면 아무것도 이룰 수 없다. 마음먹은 일을 현실 속에서 완성하려면 '의지력'이 필요하다. 반드시 해야 할 일을 완수하는 힘은 강인한 의지뿐이다. 이 힘은 일시적인 경우뿐 아니라 기나긴 인생을 살아갈 때도 꼭 필요한 능력이다.

    '강인한 마음', 절대 동요하지 않는 확고한 의지력을 키워나가는 작업은 성장에 절대적인 과제다. 우선 마음속에 확실한 목표를 세우는 일부터 시작하자. 목표는 어떤 것이라도 좋다. 목표 없이 살아가는 것만큼 불행하고 지루한 인생은 없다.

    또한 내 능력은 잠재워 둔 채, 주변에 의지하며 살아가는 인생도 너무 무의미하다. 혹시 독자들 중 '당신의 능력을 높여 드리겠습니다!' 라는 그럴 듯한 광고에 현혹되어 주머니에 있는 돈을 탈탈 털어 가며 투자했던 경험을 했던 분은 없는가?

인간의 능력은 충동적인 자극이나 비밀스러운 수업 따위로 키워 나갈 수 있는 것이 아니다. 오로지 그것은 강인한 의지로 가능할 뿐이다. 의지력만이 내 가치를 높이고 능력을 길러 준다.

사람의 일상을 유심히 관찰해 보면, 정신력을 키울 수 있는 기회가 얼마든지 많음을 알 수 있다. 그런데도 신비하다거나 특별해 보이는 방법에 마음이 끌리는 이유는, 현실 속의 수많은 기회를 미처 깨닫지 못하기 때문이다. 가치 있고 소중한 길은 대체로 지극히 단순하고 명쾌하다는 사실을 깨닫기 바란다.

의지를 강화하는 7가지 규칙

인간은 강인함과 나약함을 동시에 발휘하지 못한다. 활력에 넘치는 사람이 나약한 모습을 하고 있을 수도 없거니와, 병들어 고생

하는 사람이 건강한 모습으로 씩씩하게 걸어 다닌다는 것은 상상
도 할 수 없는 일이다.

마찬가지로 나약하고 의존심依存心만 가득한 마음으로 강인한
의지를 바란다는 것은 어불성설이다. 강한 내가 되기를 원한다면
우선 약점부터 극복해야 한다. 이 얼마나 단순하면서도 명쾌한 논
리인가.

의지를 강화하는 방법은 이미 내 손안에 쥐어져 있다. 약한 마음
과 반복적인 일상. 이 정도면 강인한 의지를 키워나가야 할 환경과
필요성은 이미 갖춰진 셈이다.

지금부터 '의지력 트레이닝'을 시작해 보자.

우선 의지를 강화하는 '7가지 규칙'부터 소개하겠다.

1. 나쁜 습관을 버려라.

2. 좋은 습관을 길러라.

3. 무슨 일이든지 신속하게 착수하라.

4. 집중하라.

5. 규율에 맞게 생활하라.

6. 말과 언어를 컨트롤하라.
7. 마음을 컨트롤하라.

이 7가지 규칙을 적극적으로 실천하면 누구든지 의지력을 높일 수 있으며, 목표도 명확히 설정할 수 있다. 나아가 어려움이나 비상사태에 직면해서도, 침착하게 해결해 나갈 수 있는 마음의 여유를 가질 수 있다.

⠿   나쁜 습관과 좋은 습관의 규칙

앞에서 '나쁜 습관을 버려라.' 라고 말을 했지만, 이것이 그리 간단한 문제가 아니라는 점은 다들 경험으로 잘 알고 있는 사실이다. 그러나 나쁜 습관을 버리려는 지속적인 노력만이 나를 전진하게 하는 힘이다. 강인한 의지를 추구해 나가는 나를 격려함으로써 자연스럽게 강인한 마음도 생겨나기 때문이다.

'이건 나한테 너무 무리니까 다음으로 넘어가자.' 하고 첫 번째

규칙부터 무시하면 의지력 트레이닝은 아무런 의미와 효과가 없다. 바람직하지 않다는 사실을 잘 알면서도 눈앞의 이익과 쾌락에 무너져 버린다면, 그만큼 마음이 나약한 것이다. 그런 상태에서는 의지를 강화한다거나 능력을 향상시킬 수 없다.

나쁜 습관을 포기하지 않는 것은 나를 컨트롤할 수 있는 권리를 포기하는 것과 같다. 일상에서 얼마든지 가능한 일을 애써 외면하고, 굳이 '특별하면서도 신비로운 훈련법'을 찾아 나선다면, 노력은 노력대로 쏟아 붓고 효과는 전혀 보지 못하게 될 것이다.

'한 가지 규칙쯤이야 무시해도 상관없겠지.' 하는 마음 자체가, 이미 내 의지력을 약화시키는 것이다. '나쁜 습관을 버려라'를 잘 소화했다면, 둘째 규칙인 '좋은 습관을 길러라'는 반쯤 성공한 셈이다.

– 나쁜 습관을 버리면 목적의식이 강화된다.
– 좋은 습관을 기르면 목적의 방향성을 확실히 할 수 있다.

확고부동한 목적의식으로 목적의 방향성을 확실히 잡으면, 의욕적이고 활발한 정신세계에 몰입하게 되고, 성숙된 정신은 다음 규칙인,

－ 무슨 일이든지 신속하게 착수하라

－ 집중하라

로 자연스럽게 이어진다.

이 정도 수준만 도달하면 다섯째 규칙인 '규율에 맞는 생활'도 자연스럽게 이어진다.

해야 할 때, 해야 할 일을 하라

7가지 규칙 가운데 셋째와 넷째 규칙은 '완전을 지향하는' 마음의 과정이라 할 수 있다.

나태한 정신에서는 강인한 의지가 생겨나지 않는다. '무슨 일이든지 신속하게 착수하라.' 또한 최대한 열정적으로 시작하라. 반드시 해야 할 일임을 알면서도 계속해서 뒤로 미루면, 목표에 도달하기 위한 동기 유발은커녕, 행동도 개시하지 못한 채 그 일은 물거품이 되고 만다.

'해야 할 때에, 해야 할 일을 하라.' 매우 사소하게 들릴 수도 있지만 이는 매우 중요한 점이다. 머리에 퍼뜩 떠오르는 아이디어에 즉각적으로 대처하지 못해 귀중한 기회를 놓쳤던 적이 얼마나 많았던가. 해야 할 일을 계속 미루다 보면 무의식적으로 신경이 쓰이고, 그러다 보면 자신도 모르는 사이에 침착함을 잃는 상황에까지 이른다.

일단 시작한 일은 적극적으로 추진해 나가라. '무슨 일이든 신속하게 착수하라.'는 규칙은 강인함을 길러주는 동시에 안정된 정신 상태에서 성공을 향해 매진할 수 있도록 돕는 역할을 한다.

'해야 할 일에 집중하라.' 될 대로 되라는 식으로 태평하고 안일하게 일을 해 나간다는 것은, 무엇보다 의지가 약하다는 증거다. 담대한 마음을 원한다면, 아무리 사소한 일이라도 수준 높고 완벽하게 처리해 나가는 습관을 들이기 바란다. 그러기 위해서는 문제나 상황의 겉모습만 보는 데서 그치지 말고, 본질을 파악하고 전체를 조망하면서 정신을 집중해야 한다.

그런 자세로 임하면 '지금 내가 추구하고 이루려는 것이 무엇인가.'라는 총체적 목적에 생각을 맞춘 상태에서 온 정신을 모아 그 일에 집중할 수 있다.

- 전체적인 목적을 파악한다.
- 집중력을 높인다.

이 두 가지 정신적 능력은 사물의 중요성과 가치를 올바로 이해하는 데에도 큰 도움이 될 뿐만 아니라 마음을 침착하게 하며 성공의 기쁨을 안겨다 준다.

규율에 맞는 생활로 성취도를 높여라

의지가 강한 사람은 자연히 규율에 맞는 생활을 한다. 일시적인 기분이나 충동에 휩싸이지 않으면서 스스로를 컨트롤해 나갈 수 있다. 감정대로 행동해서는 안 된다. 사람은 나름의 계획과 방침을 세워 실천해야 하는 존재다.

'오늘은 이 옷을 입어야지.', '오늘 점심은 이걸 먹자.', '저 음식엔 이런 음료가 적당해.' 이런 선택들은 너무 사소한 것들이어서 다른 사람에게 맡겨도 될 거라고 생각하는 사람이 의외로 많다. 그러나 오히려 이런 작은 부분부터 스스로 결정하는 습관을 들여야 한다.

이것은 제멋대로 살라는 의미도 아니고, 한쪽으로 집착하라는 말도 아니다. 일상에서 내 의지를 명확히 자각하여, 능동적으로 실행할 수 있는 정신력을 기르기 위한 연습이다. 식사는 몇 시에 먹을 것인가, 얼마나 먹을 것인가, 몇 시에 자고 몇 시에 일어날까 등등. 반복되는 일상의 리듬을 주체적으로 만들고 그에 따라 실천하면서, 행동을 올바르게 컨트롤할 수 있을 것이다.

식욕이나 수면을 비롯한 동물적 욕구에만 충실하여, 아무런 의미 없이 생활하는 사람에게는 '이성적' 이라는 말이 어울리지 않는다. 이성적인 사람은 의지로써 합리적이고 타당한 규칙을 세워 행동하기 때문에 동물적 욕구를 저절로 컨트롤할 수 있으며, 사소한 일에도 자신을 훈련시킨다는 마음으로 임한다. '성인은 스스로 서약을 지키기 때문에 신성하다!' 스스로 결정한 일일수록 반드시 지켜야만 한다. 자신이 세운 규율에 따라 살아가는 사람에게는 거뜬히 목표를 달성할 수 있는 강인한 의지가 있다.

말을 의식적으로 컨트롤하라

여섯 번째 규칙은 '말과 언어를 컨트롤하는 것'이다. 늘 말투나 표현 방식에 주의를 기울임으로써, 아차 하는 순간에 거친 표현을 내뱉거나 걸러지지 않은 분노와 불쾌감 등을 드러내지 않도록 유의하자.

의지가 강한 사람은 생각 없는 말을 내뱉지도, 경솔한 표현을 사용하지도 않는다. 내 기분이나 마음을 전할 때 최대한 신중하게 단어를 선택함으로 가장 세련되고 지적인 표현을 구사하도록 해야 한다.

지금까지의 6가지 규칙을 확실히 깨우치면 '마음을 컨트롤하라.'는 마지막 규칙도 저절로 해결된다. 6가지 규칙을 별 무리 없이 실천할 정도의 사람이라면, 셀프컨트롤도 성공할 수 있다.

끈기를 가지고 규칙들을 실행한 사람은 그동안의 경험과 노력을 바탕으로 마음과 언행을 컨트롤하는 법을 익혔을 것이며, 강인한 의지를 확고히 다져 나가고 있을 것이다. 힘겨운 과정들을 거쳐 강인한 마음을 실현한 내 머리 위에서 가장 영예로운 금빛 왕관이 빛나는 모습을 상상해 보자.

몸과 마음은 하나

몸은 마음을 거역하지 못하고 항상 마음이 시키는 대로 따른다. 마음이 불순하고 어두우면 병에 걸리거나 몸이 쇠약해지지만, 마음이 맑고 순수하면 젊음과 활력이 넘쳐난다. 병과 건강은 환경과 같다. 내면의 마음 상태가 밖으로 나타난 것이다. 병적인 생각은 결국 병을 만들고, 격렬한 두려움은 탄환에도 지지 않을 만큼 빠른 속도로 인간을 죽음으로 몰아간다.

몸이 아프면 기분까지 나빠진다. 또 기분이 나빠지면 몸이 아파 온다. 이 사실은 누구나 잘 알고 있다. 병을 두려워하는 사람은 병에 걸리기 쉽다. 불안한 마음은 정상적인 몸의 기능을 어지럽히고, 제대로 기능하지 않는 몸은 병 앞에 무방비 상태가 된다.

불순한 생각은 행동으로 나타나지 않아도 마음을 어지럽힌다.

한편, 맑고 순수하며 행복한 생각은 활력으로 가득 찬 아름다운 몸을 만들어 준다. 인간의 몸은 섬세하고 유연한 장치이며 마음에 민감하게 반응한다.

지금 처지에 불만이 있다면 마음을 바꾸고 성실하게 노력하라

지금 처지에 불만을 가지고 있다면, 가장 먼저 해야 할 일은 마음을 바꾸고 주어진 임무를 성실하게 처리하는 것이다. 그런 다음 장래에 희망을 품고 새로운 가능성이 다가올 때까지 두 눈을 반짝이며 기다려야 한다. 그렇게 하면, 언젠가 좋은 기회가 찾아왔을 때 재빨리 붙잡을 수 있다. 지금 어떤 일에 매달리고 있다면 모든 능력을 전부 그것에 쏟아야 한다. 성실하게 일하면서 능력을 더욱 효과적으로 집중해서 발휘하는 비결을 익히면 좋다. 작은 일을 완벽하게 처리하라. 더 큰 일이 기다릴 것이다. 착실하게 앞으로 계속 나아가고 있음을 항상 확인하라. 그러면 인생에서 퇴보란 결코 있을 수 없다.

장래에 희망을 품고 새로운 가능성이 다가올 때까지 두 눈을 반짝이며 기다려야 한다. 그렇게 하면, 언젠가 좋은 기회가 찾아왔을 때 재빨리 붙잡을 수 있다.

chapter 5

완전은
필수 조건이다

세계적으로 위대한 사건도, 각 인생의 중대사도
가만히 들여다보면 작은 일들이 겹치고 쌓여서
이루어진 것임을 알게 된다. 이 사실만 깨달으면
아무리 크고 위대한 완전함도, 사소한 부분들이
쌓이고 겹쳐 이루어진 것임을 이해할 수 있다.
그동안 대수롭지 않게 여겼던 일들을
다시 돌아보는 기회를 가져 보자.
모든 존재의 '완전함' 에 대한 의미를
이해하기만 하면, 주위에 큰 영향력을 미치고
도움을 주는 사람이 될 수 있다.

내가 불완전한 이유는
무조건 즐기기만 하겠다는
욕심이 가득했기 때문이다.

완전은
필수 조건이다

∶　　　사소한 문제가 불완전의 씨앗이 된다

　'완전' 이란 결점이나 부족함이 전혀 없는 상태를 말한다. 아주 사소한 부분도 놓치지 않고, 보잘 것 없는 것이라도 세상에서 가장 소중하게 다루는 것, 그것이 바로 '완전' 이다.

　인생을 살다보면 별 의미 없이 흘려보낸 일이 의외로 중요한 의미를 담고 있는 경우가 있다. 눈에 띄지 않는 작은 일들 중에는, 대부분의 사람들이 이해하지 못하지만 진실이거나 무시할 수 없는 중요한 일들이 많다. 그런 일들은 그대로 방치되는 경우가 많다. 그러나 아무리 사소한 부분이더라도 빠트린다면 '완전' 하다고 할 수 없다. 불완전한 일, 불행한 인생 등 완전하다고 할 수 없는 것들을 살펴보면, 하나같이 아주 사소한 부분이 빠져 있음을 알 수 있다.

세계적으로 위대한 사건도, 각 인생의 중대사도 가만히 들여다 보면 작은 일들이 겹치고 쌓여서 이루어진 것임을 알게 된다. 이 사실만 깨달으면 아무리 크고 위대한 완전함도, 사소한 부분들이 쌓이고 겹쳐 이루어진 것임을 이해할 수 있다.

이제 그동안 대수롭지 않게 여겼던 일들을 다시 돌아보는 기회를 가져 보자. 모든 존재의 '완전함'에 대한 의미를 이해하기만 하면, 주위에 큰 영향력을 미치고 도움을 주는 사람이 될 수 있다.

완전한가, 불완전한가. 여기에서 엄청난 차이가 발생할 뿐 아니라, 그 차이가 한 인생을 행복과 불행이라는 극적인 갈림길에 서게 만든다는 사실을 명심하자.

적자생존의 법칙

사람을 고용하여 사업을 하는 사람이라면 '완전'의 가치를 이해하고 있을지 모른다. 맡은 일에 열심을 다하고 업무의 질을 중시하는 사람도 그럴 가능성이 있다.

　세상에는 능력을 충분히 발휘하면서 일의 가치를 즐기는 사람보다는, 적당히 때우는 식으로 일하는 사람들이 훨씬 많다. 요즘 세상에서는 사회생활을 하면서 주의 깊고 근면하게 완벽을 추구하는 것을 '특별한 미덕'인 양 여기는 풍조가 있다. 그러나 그나마도 사회가 다양하게 변화함에 따라 서서히 자취를 감추고 있다.

　실업률이 점증하는 환경이기에 직장을 잃으면 새로운 일거리를 찾아 정신없이 헤매야 하고, 아무런 소득 없이 하루하루를 보내게 될지도 모른다. 이런 현실적 조건에도 불구하고 진지함이라곤 전혀 엿보이지 않는 태도로 대충 시간만 때우듯 일하는 사람들은 대체 무엇일까. '적자생존' 법칙은 잔인하고 혹독한 법칙이 아니다. 가장 공평하고 합리적인 생존 방식이다. 언제 어디서고 쉽게 확인될 수 있는 보편적 이론인 것이다. 양심이나 정의를 역행하는 행위는 사람들로부터 외면당하고 결국엔 도태되고 만다. 그것이 공평하고 합리적이기 때문이다. 만약 적자생존 법칙이 아니라면 이 땅에 양심과 정의가 남아 있을 수 있을까? '불완전'하고 나태한 사람은, 그가 속한 사회가 공평하고 합리적일수록 그 사회에 수용되기 어려워진다. 결국 그는 거기에서 살아남지 못하게 된다.

한 아버지가 아들에게 이런 이야기를 들려주었다.

"앞으로 네가 커서 어떤 일을 하게 되든 온 마음과 정성을 다해라. 그러면 네 삶에 근심이나 걱정 따위 없을 것이다. 세상의 많은 사람들은 게으르고 나태하단다. 그러므로 네가 완전하고 성실하게 일하면 언젠가는 네가 꼭 누구에게나 필요한 사람이 될 것이다."

불완전의 원인은 마음속에 있다

자격증을 따려고 몇 년 동안 밤잠을 설치고 코피를 쏟아가며 공부했는데도, 결국 고배의 쓴 잔을 마시는 사람들이 있다. 이런 사람들에게 필요한 처방은 특별한 기술이나 자격증이 아니다. 진지하고 긍정적인 자세로 자신을 돌아보는 노력이다.

경솔하고 나태한 마음가짐이 기술이나 능력에 앞서 서투르고 거듭되는 실수로 이어져 버리기 때문이다. 그런데도 사람들은 기회가 안 온다며 한탄하거나, 힘든 일이 닥치면 모두 세상 탓이라며

불만을 토로한다.

내가 불완전한 이유를 굳이 주변에서 찾을 필요가 없다. 스스로 성실히 임하기를 거부했거나, '멋지게 해내야지.' 하는 성실한 자세와 스스로 만족할 때까지 파고드는 의지가 부족했기 때문이다. 무조건 즐기기만 하겠다는 욕심이 가득했는지도 모른다.

오로지 일밖에 몰랐던 한 직장 여성이 그 능력을 인정받고는 중역의 자리에 올랐다. 그런데 승진을 하고 채 며칠도 안 된 시점에서 그녀는 여행 이야기만 하기 시작했다. 그리고 나서 한 달 후 그녀는 '직위에 적합하지 않다.'는 이유로 권고사직을 당했다. 현실에 안주하여 마음이 느슨해진 틈을 타 불운이 엄습했던 것이다.

한 장소에 두 가지 물건을 배치할 수 없듯, 온통 여행 생각뿐인 상태에서 그녀는 회사 업무에 집중할 수 없었던 것이다. '결코 여행에 대해 생각해서는 안 된다.'는 이야기가 아니다. '일할 때는 오직 업무에만 집중하라.'는 뜻이다.

몸은 회사 책상 앞에 있지만 마음은 이미 저 푸른 바닷가에 가 있다면, 정신이 분산되어 당연히 업무를 진행해 나갈 수 없다. 잠시 딴 생각을 했던 것뿐이라고 할 수도 있지만 그 때문에 업무 태도나 능력이 '불완전' 하다는 평가를 받는다면 얼마나 억울한 일이 겠는가.

어떤 경우라도 완전이 최고다

'완전'은 어떤 일을 완벽하게 이루는 것을 말한다. 더 이상 추가 해야 할 부분이나 따로 필요한 것이 전혀 없는 상태를 말한다. 누 군가 내 일을 대신했는데 그 결과가 내가 했던 것보다 월등하다면, 그동안의 나는 완전했다고 할 수 없다. 완전함을 추구한다면 적어 도 다른 사람 이상의 수준은 유지해야 한다.

눈앞에 닥친 일에 최선을 다할 것, 집중력을 키울 것, 인내할 것, 책임감을 가질 것 등을 가슴 깊이 새겨두기 바란다. 해야 할 일은 반드시 하라. 또한 최선을 다하라. 내가 할 수 있는 일은 내 능력으 로 해결하라.

어떤 일이든 '불완전' 하게 끝내는 사람은 정신적으로도 불완전 할 뿐 아니라 스스로를 성장시킬 수 없다. 목표를 달성에 요청되는 강한 신념도 부족하므로 인생에서 좋은 성과를 거두지 못하게 된다.

본능적이고 나태한 마음속에서는 강한 신념이 자랄 수 없다. 어중간하고 불분명한 사고를 가진 사람은 업무를 해도, 여행을 가도 성과가 신통치 않다. 어중간하게 대충 넘기는 것보다는 전력을 다하는 것이 훨씬 바람직하다는 사실은 누구나 알고 있다. 지나치게 높은 수준에 도전하여 불완전으로 끝내는 것보다는 맡겨진 일을 완전하게 이루는 것이 훨씬 가치 있다.

'완전' 이란 인류가 존재해 온 이래로 누구나 바라고 소망하는 바다. 양심적으로 보이기는 하지만 불확실한 계획과 목표보다는, 다소 제멋대로이긴 해도 분명하고 신념에 찬 목표가 훨씬 가치 있다.

완전을 추구하는 사고와 행동은 이해력과 성장을 촉진한다. 나아가 긍정적이고 올바른 사고, 생기 넘치는 행동을 향상시킬 수도 있다.

나를 올바르게 다스리지 못하면
높은 지위에는 오를 수 없다

　나를 올바르게 다스리지 못하는 한, 책임 있는 높은 지위에는 결코 오를 수 없다. 냉철한 판단을 내릴 수도, 책임 있게 행동할 수도 없기 때문이다. 기쁨을 주는 진정한 성공은 나를 올바로 다스릴 때 얻어진다. 그러지 않으면 오랜 시간이 흘러도 진정한 성공을 이룰 수 없다.

　성공은 목표를 달성하고자 굳게 결심하고, 이기적인 생각과 변덕스러운 감정을 버릴 때 달성될 수 있다. 따라서 늘 명확한 목표를 가지고 그것을 달성하기 위해 집중해야 한다. 또한 항상 새로운 마음가짐을 가질 수 있도록 노력해야 한다.

　마음이 높아질수록 더욱 크게 성공할 수 있고 그 성공을 오랫동안 지속시킬 수 있다. 표면적으로 어떻게 보이든 탐욕스러운 사람, 정직하지 못한 사람, 부도덕한 사람에게는, 아무도 도움의 손길을 내밀지 않는다. 그러나 신중한 사람, 정직한 사람, 고상한 사람에게는 항상 누군가가 도움의 손길을 내민다. 과거의 위인들이 정확하게 그 사실을 알려주고 있다.

사람은 인간성을 키우고 더욱 품위 있는 인간이 되기 위해 계속 노력함으로, 그 사실을 증명할 수 있다. 마음을 항상 올바르게 다스리면 미래의 성공이나 실패에 대해서는 신경 쓰지 않아도 된다. 그에게는 늘 성공만이 찾아올 것이기 때문이다.

결과를 생각하지 않고 평온하고 즐거운 마음으로 임무를 성실히 수행할 때, 올바른 생각과 노력은 반드시 좋은 결과를 가져온다는 사실을 깨닫게 될 것이다.

무분별한 감정에서 벗어나라

불 속에 손을 집어넣으면 화상을 입는다. 이것은 아주 당연하면서도 단순한 법칙이다.

이 법칙은 마음에도 적용된다. 증오, 분노, 질투, 불안, 선망, 욕심은 마음의 불이다. 그 불을 끄지 않으면, 누구나 화상을 입게 마련이다. 그런 무분별한 감정은 '죄'라고 할 수 있다. 그것이 죄인 것은 '원인과 결과의 법칙' 즉 '정의의 법칙'을 무시하고 그에 맞서는 행위이기 때문이다. 그런 감정은 마음에 혼란을 일으키고 결국 병, 실패, 불운, 슬픔, 절망이라는 '벌'을 받게 한다.

사랑과 선의와 평온함은 마음에 평화를 가져다주는 산들바람과 같다. 사랑과 선의와 평온함은 '정의의 법칙'과 조화를 이뤄 건강, 평온한 환경, 성공, 행운이라는 상을 받게 한다. 이것은 사람을 강인하게 만들며 진정한 성공과 행복을 성취하게 하는 불변不變의 토대이다.

성공은 목표를 달성하고자 굳게 결심하고, 이기적인 생각과 변덕스러운 감
정을 버릴 때 달성될 수 있다. 따라서 늘 명확한 목표를 가지고 그것을 달성
하기 위해 집중해야 한다.

chapter 6

마음을 잘 만들어야
인생을 잘 만들 수 있다

대부분의 사람들은 마음을 만들어 가는 작업에
무신경하며 그것을 막연하게 생각한다.
그렇기 때문에 사소한 어려움에도 불안해하거나
충동적인 감정에 휩쓸리는 기질을 갖게 된다.
불쾌한 생각과 이기적인 사고가 가득한 사람은
불량하고 지저분한 재질의 벽돌로 마음을
만들어 가는 것과 같다. 따라서 미세한 충격이나
흔들림에도 그 마음이 쉽게 무너져 내린다.
부실공사로 지어진 미완성의 집에서
그 누가 편안하고 안락하게 지낼 수 있겠는가.

공정, 결백, 성실, 배려.
이것이 바로 성공적인 인생을
가꾸어 나가는 도덕적
'기본 원칙 네 가지' 다.

마음을 잘 만들어야
인생을 잘 만들 수 있다

구축 과정과 파괴 과정

자연이 만들어냈든 인공적으로 만들어졌든, 모든 세계에는 고유한 구축構築 과정이 있다. 가령 돌은 원자가 모여서 만들어졌고, 식물이나 동물이나 인간은 세포로 이루어졌으며, 집은 벽돌과 시멘트로 조립돼 있다. 책은 문자가 모여서, 마을은 수많은 집과 건물이 어울려서 만들어진다. 세계는 다양한 형태와 엄청난 종류의 물질과 생명체로 구성돼 있는 것이다.

그러나 구축이라는 용어가 물질세계에만 적용되는 것은 아니다. 예술과 과학, 국가의 법률과 제도 등은 인간의 사고와 노력의 결집체이며, 한 나라의 역사는 국민의 행동이 쌓여서 이룩된 것이다.

‘구축 과정'은 ‘파괴 과정'과 함께 생각해야 한다. 소기의 목적을 달성한 물건이나 형태는, 일단 해체 과정을 거쳐야만 시대에 부합하는 새로운 모습으로 재창조될 수 있으니, 이것이 바로 ‘구축과 파괴'의 ‘상호 과정'이다. 우리 몸 속에서 생명이 다한 세포는 파괴되어 사멸하고 그 자리에 새로운 세포가 대치된다. 그래야만 생명을 유지할 수 있기 때문이다.

업무에서도 과거의 것이 더 이상 조직에 도움이 되지 않거나 시대의 흐름이 새로운 것을 요청할 경우가 있다. 이때에는 구시대의 유물을 과감히 청산하고 새로운 시스템을 도입함으로써 변화와 발전을 모색해 나가야 한다. 새로운 목적에는 그에 부합하는 새로운 해결 방법과 행동 양식이 필요하기 때문이다.

구축과 파괴의 상호 과정은 자연계에서는 ‘생生과 사死'라고 하고, 비즈니스 세계에서는 ‘파괴와 재건'이라고 한다.

사고의 벽돌 조각이 모여 마음을 구축한다

'구축'과 '파괴'의 '상호 과정'은 눈에 보이지 않는 무형의 세계에서도 일어난다. 몸이 세포로 구성되고 집이 벽돌과 시멘트로 지어지듯, 마음은 사고의 조각이 모여 구성된다. 변화무쌍한 사고의 집결체이기에 사람들은 저마다 다양한 성격을 갖게 된다.

'인간은 생각하는 그대로의 인생을 살아간다.'는 말처럼, 성격은 생각과 사고 과정(방법) 속에서 형성된다. 의지와 노력을 통해 바람직하지 않은 마음이 제거되면, 성격은 긍정적인 방향으로 되돌려질 수 있다. 그런 작업의 반복을 통해 변화되는 사고, 인식의 관점, 주변에 반응하는 방법 등이 바로 성격의 일부가 되는 것이다.

성격은 집을 개조하고 증축하듯 늘 새로운 생각과 사고, 습관을 받아들이면서 '구축'의 과정을 거친다. 하나의 도시가 새롭게 구축되어 탈바꿈되는 데는 수많은 벽돌을 비롯해 많은 재료들이 필요하다. 마찬가지로 마음이나 성격도 수많은 심적 요소(갈등, 생각, 습관 등등)가 교차되고 자리바꿈을 하면서 형성된다.

'로마는 하루아침에 이루어진 것이 아니다'라는 말이 있듯 부처나 플라톤, 셰익스피어 같은 세계적 위인들이 평범한 사고나 노력만으로 위대한 생애를 살 수 있었던 것은 아니다.

사람은 마음을 구축해 나가는 존재다. 의식하지 못하는 상태에서도, 인간은 끊임없이 무언가를 생각하고 고민한다. 그 하나하나가 사고의 벽돌이 되어 쌓이면서, 마음 즉 성격이라는 커다란 건물을 구축해 가는 것이다.

마음을 만들어 가는 작업

대부분의 사람들은 마음을 만들어 가는 작업에 무신경하며 그것을 막연하게 생각한다. 그렇기 때문에 사소한 어려움에도 불안해하거나 충동적인 감정에 휩쓸리는 성격을 갖게 된다.

불쾌한 생각과 이기적인 사고가 가득한 사람은 불량하고 지저분한 재질의 벽돌로 마음을 만들어 가는 것과 같다. 따라서 미세한 충격이나 흔들림에도 그 마음이 쉽게 무너져 내린다. 부실공사로 지어진 미완성의 집에서 그 누가 편안하고 안락하게 지낼 수 있겠는가.

올바르지 못한 쾌락 추구, 늘 실패만 떠올리는 부정적인 사고, 자기연민이나 자만심처럼 정신적 건강을 해치는 생각, 스스로를 맥 빠지게 하는 사고 등으로는 마음의 집을 견고히 지을 수 없다.

순수하고 아름다운 생각만 하고 늘 현명한 선택을 위해 최선을 다하는 사람은, 단단하고 매끄러운 벽돌로 폭풍우가 몰아쳐도 끄떡없는 마음의 집을 지을 수 있다. 그 집의 주인은 아름답게 지어진 건물에서 쾌적하고 안락하게 지낼 수 있다. 또한 질 나쁜 벽돌을 사용하는 사람보다 훨씬 더 신속하게 집을 짓는다.

무한한 자유로움과 해방감이 넘치는 생각, 강인한 확신과 책임감 넘치는 아름다운 사고만이 튼튼한 마음의 집을 지어 올릴 수 있는 재료이다. 견고하고 순수한 마음으로 다시 태어나려면, 낡고 부정적인 습관은 과감히 떨쳐 버려야 한다.

내 혼魂이어,

좀 더 수리하고 아름다운 대저택을 짓자.

돌고 도는 계절이 새 옷을 갈아입듯이.

고귀한 대저택에 어울리는 자재와 건축 방법

사람은 자기 자신을 건축한다. 낡고 허름한 거처는, 어느 한 순간 비가 새거나 바람에 날려갈지도 모른다. 집을 짓는 자재들은 사고와 생각이다. 견고하고 아름다운 집을 지으려면 나약한 사고를 책임감 넘치는 사고로, 이기적이고 위선적인 생각을 솔직하고 순수한 생각으로 바꿔 나가야 한다.

자재의 질이 떨어지면 결국 피해를 보는 것은 나뿐이다. 생활하기 불편한 집은 아무도 찾지 않으며, 설령 더 좋은 집을 지으려고 해도 누구 하나 도와주지 않는다. 따라서 대저택을 짓고자 한다면, 처음부터 그것에 어울리는 자재를 선택하고 적합한 방법으로 시공해야 한다.

스스로에 대한 책임감을 인식하고 나면, 진정한 장인 정신을 가진 기술자처럼 새롭게 나를 구축해 나갈 수 있을 것이다. 지속적으로 마음을 새롭게 구축해 나가다 보면, 사회에 나가서도 수많은 사람들의 마음에 소중히 간직되는 사람이 된다. 일차적으로는 나를 위해 견고하고 멋진 대저택을 짓지만, 그 경험을 통해 같은 괴로움

을 겪고 있는 사람에게 더 없이 고마운 협력자이자 든든한 후원자
가 될 수도 있다.

눈에 보이지 않는 세계도 정확한 법칙으로 이루어져 있다. 효율
성이 높고 생산력이 뛰어난 공장은, 잘 살펴보면 정확하고 치밀한
생산 원리에 입각하여 운영되고 있다는 사실을 알 수 있다.

행복과 성공을 누릴 수 있는 아름다운 인생은 원칙적이면서도
확고부동한 지식을 적용함으로써 가능하다. 기본 원칙은 언제나
보편적이며 간단명료하다. 아무리 거센 비바람이 몰아쳐도 끄떡없
는 건물을 짓기 위해서는 다른 특별한 시공 방법이 아닌, 정방형이
나 원형 같은 단순한 수학적 원리를 이용하면 된다. 원칙을 무시하
면 채 자리도 잡기 전에 그 건물은 무너져 버리고 말 것이다.

인생을 만들어 가는 작업 – 네 가지 기본 원리

좋은 사고와 생각을 자재로 견고한 마음의 집을 짓듯이, 역경과
유혹의 회오리가 몰아쳐도 동요하지 않을 인생을 만들기 위해서는

가장 기본적인 원칙을 사수하고 도덕적 기준을 벗어나지 말아야 한다.

공정, 결백, 성실, 배려. 이것이 바로 성공적인 인생을 가꾸어 나가는 도덕적 '기본 원칙 네 가지'다. 이 원리들을 무시한 채 부정과 모략을 일삼고, 자기중심적인 행동만 고집한다면 성공과 행복은 얻을 수 없다.

수학적 원리를 무시하면 울타리 하나도 제대로 세울 수 없다. 마찬가지로 원칙들을 소홀히 하는 사람은 실패를 겪고 고배를 들게 된다. 물론 성실하지 않은데도 성공을 하고 돈을 긁어모으는 사람이 있다. 부정과 눈속임으로 밀어붙여서 엄청난 이익을 챙기는 사람도 많다.

그러나 돈이 많다고 해서 인생이 안정 궤도에 오르고 행복해지는 것은 아니다. 오히려 실패한 인생을 맞이하기 위한 준비가 착착 진행되고 있는 것인지도 모른다. 어딘가에서 부터 일이 꼬이면서 결국엔 실패의 쓴맛을 보고, 사람들로부터 신용을 잃으며, 나쁜 평판이 퍼져나가 애써 모은 재물을 놓치고 만다.

그 무엇보다 두려운 점은 스스로가 자신감을 잃고 깊은 나락으로 떨어져 고통을 겪는다는 사실이다.

⠿   법칙은 수학적 확실성을 통해 증명된다

이윤 추구가 최상의 가치인 비즈니스 업계에서도, 행동이나 실무를 통해 마음을 분명히 체크할 수 있는 사람은 성공 궤도에서 벗어나지 않을 것이다. 지구가 태양의 빛과 따스함을 받으며 존재하듯, 사람도 행복이라는 햇살과 그 온기를 누려야 살아갈 수 있다.

인생은 온 우주에 걸쳐 위력을 떨치는 '거대한 자연의 법칙'과 조화를 이룬다. 어느 누구도 그 법칙을 바꾸거나 거부하지 못한다. 행복하고 풍성한 인생을 누리기 위한 기본 원리는 이 법칙을 따르고 있다. 인간은 그 원리에 충실함으로써 인생의 모든 부분에서 안정되고 늘 한결같으며, 완벽한 조화를 이루어 낼 수 있다. 그런 사람은 파멸로 향하는 것 자체가 불가능할지도 모른다.

인간 세계를 형성하는 모든 보편적 법칙은 확연하게 드러나지는 않지만 분명히 존재하는 힘에 의해 구축된다. 그 힘은 인간 세계의

구석구석을 끝없는 정확성으로 지켜준다. 눈에는 그저 한 점으로밖에 보이지 않는 작은 생물도, 현미경으로 들여다보면 완전한 생명체로서 모든 것을 갖추고 있음이 분명히 드러나는 것처럼 말이다.

겨울날 하얗게 떨어지는 솜사탕 같은 눈雪의 결정結晶이 거의 완벽에 가까운 형태를 갖추고 있다는 것은 이미 알려진 사실이다. 그처럼 마음과 인생도 수학적인 정확함 아래 치밀한 계산에 따라 흘러가고 있는 것이다.

⋮ 작은 부분에서의 완전함이 전체의 완전함을 만든다

기초란 맨 첫 단계의 작업이므로 보통은 묻혀 버리거나 시야에서 사라진다. 그러나 건축에서 기초 공사의 필요성은 아무리 강조해도 지나치지 않는다. 기초를 확실히 다진 후에야 비로소 돌과 벽돌을 쌓을 수 있고, 견고하고 아름다운 건물을 완성하는 것이다.

인생도 마찬가지다. 고난이나 실패가 없는 인생을 이루고 싶다면, 순수하고 풍성하며 안정된 마음으로 살아가야 한다. 도덕적 법칙만이 진정 성공과 행복을 가져다 줄 것이다. 많은 사람들이 성공을 바라면서도 실패와 좌절을 경험한다. 순간순간의 의무나 사소한 일에 완전한 성실함으로 임하지 않은 탓이다.

장사하거나 농사짓는 사람, 예술가나 기술자 등 프로라고 부르는 사람들은 아무리 사소하고 자질구레한 부분도 결코 그냥 지나치지 않는다. 그들은 벽돌 하나만 빠져도 건물의 내구성이 약해지고, 결국엔 큰 문제가 생긴다는 사실을 간파하고 있기 때문이다. 사소한 부분이더라도 대충 흘려버리고 지나가면 나중엔 더욱 큰 문제로 되돌아온다는 사실을 염두에 두고 있는 것이다.

실패를 경험하고 슬픔과 비탄에 젖어 있는 사람들은 대체로 사소한 일쯤은 대충 해서 넘기는 오류를 범하고 있음을 알 수 있다. 오직 큰 부분만 중시하고 그곳에만 집중하기 때문이다.

인생 전반에 대한 깊은 통찰과 심사숙고하는 자세만이 그들의 잘못된 사고를 바로잡아 줄 수 있다. 아무리 크고 중대한 일이라도 자세히 따져 보면, 사소하고 작은 일들이 모여 이루어진 것이다.

무언가를 구축하기 위해서는 단 한 가지라도 소홀히 여겨서는 안 된다. 보잘것없이 느껴지는 일이라도 차근차근 완벽하게 해결하지 않으면 큰일을 이룰 수 없음을 깨달아야 한다.

　도덕적인 '네 가지 기본 원칙'을 기초로 삼아 인생을 구축해 나가는 사람만이 정신 능력과 고귀한 인간성을 높일 수 있으며, 인생의 가치 또한 향상시킬 수 있다. 이 원칙들에 뿌리 내린 사고와 생각은 그 사람의 말과 행동으로 표출된다. 이 엄밀한 법칙에 따라 인생의 모든 부분이 실현되어 간다.

　마음속에 안전하고 든든한 기초를 쌓아 가라. 그러면 안정된 인생을 즐길 수 있을 것이다. 또한 견고하고 아름다운 대저택이 평화와 기쁨 넘치는 생활을 보장해 주리라.

운이 좋은 사람에게도 많은 노력이 필요하다

　대부분의 사람들은 표면에 나타난 '결과'에만 시선을 빼앗긴 채 그 배후에 존재하는 '원인'을 보려고 하지 않는다. 그러고서 성공, 행운, 운명 혹은 우연과 같은 말로 결말을 내버리곤 한다. 훌륭한 업적을 세우고 항상 주위에 큰 영향을 끼치는 사람들을 보며 말한다. "저 사람은 얼마나 행운아인가! 얼마나 많은 혜택을 받고 있는가!" 더 나은 삶을 꿈꾸면서 그들이 흘려 왔을 '피와 땀 그리고 눈물'에는 결코 시선을 돌리지 않는다.

그들은 강한 신념을 가지고, 많은 희생을 하면서 끈질기게 노력을 계속해 온 사람들이다. 이상을 실현하기 위해 노력하면서 많은 난관을 극복해 온 사람들이다.

그러나 대다수의 사람들은 그런 '어두운' 부분에는 관심조차 두지 않는다. 그들은 단지 '반짝임'만을 보고 있을 뿐이다. 길고 힘든 여행의 과정에는 눈길도 두지 않고 기쁨이 가득한 결과만을 바라보며 행운이라는 한마디로 결론을 내는 것이다. 그런 사람들에게는 아무리 시간이 흘러도 행운은 찾아오지 않는다.

:: 마음을 사랑으로 채우고 밝고 평온한 생각을 하라

완벽한 건강을 손에 넣기 위해서는 그에 어울리는 마음가짐이 필요하다. 마음을 사랑으로 채우고 밝고 평온한 생각을 해야 한다.

혈관 속에 선의가 흐를 때, 어떤 병도 이겨낼 수 있다. 증오, 질투, 의심, 적대감, 불안을 완전히 버릴 수 있도록 노력하라. 그러한 노력을 하지 않았다면 병에 걸려 꼼짝할 수 없게 되었다 해도 결코 불평해서는 안 된다.

항상 밝고 평온한 사람은 늘 초조해하는 사람들이 금방 잃어버리기 쉬운 건강이라는 복을 언제까지나 유지할 수 있다. 몸이 건강해지면 불안감에서 해방된다. 집중력도 높아져 일도 잘된다. 결국, 건강을 유지하는 사람이 눈부신 성공도 손에 넣을 수 있다.

사람을 만드는 것은 환경이 아니다

환경의 변화와 마음의 변화는 항상 연결되어 있다. 마음의 불순물을 말끔히 제거하고 인간으로서 훌륭하게 성장할 때 환경도 풍요로운 변화를 꾀한다. 인간이 죄를 짓는 것은 결코 그 사람의 성장 과정과 환경 때문이 아니다. 그것은 이기적인 사고방식 때문이다.

맑고 순수한 마음을 가진 사람은 어떤 유혹이 다가와도 결코 죄를 짓지 않는다. 사람의 마음에 내재되어 있는 이기적인 생각이 어떤 계기로 인해 겉으로 드러났을 때 곳곳에서 범죄가 발생한다. 환경이 사람을 만드는 것이 아니다. 환경은 단지 그가 어떤 사람인가를 알려줄 뿐이다. 맑은 영혼을 가진 사람은 나쁜 길에 들어서지 않는다. 또 그들은 결코 고뇌하지 않는다.

이와는 반대로 탁한 영혼을 가진 사람은 그 생각으로 인해 소망을 실현할 수 없다. 그러므로 진정한 행복을 느낄 수도 없다. 무언가를 간절히 원한다고 해서 그것이 저절로 찾아오는 것은 아니다. 그에게 어울리는 것만이 그를 찾아온다. 어떤 사람이 무언가를 얻었다면, 그것은 그가 원해서 얻은 것이 아니다. 바로 그가 그것을 받을 만한 자격이 있었기 때문이다. 많은 사람들이 환경을 개선하기 위해 온갖 노력을 기울인다. 하지만 그들에게서 자신을 개선하려는 마음을 찾아볼 수는 없다. 그렇기 때문에 아무리 오랜 시간이 흘러도 그들은 처한 환경을 바꾸지 못한다.

:   좋은 결과를 얻을 만한 자격이 없다면
결국 나쁜 결과를 얻는다

가치 있는 목표를 달성하려면 이기적인 생각이나 변덕스러운 감정, 욕망 등 많은 것을 희생해야 한다.

가난한 한 남자가 있다. 그는 자기가 처한 환경이 변하기를 원한다. 그러나 보수가 적다는 핑계로 일을 게을리 하고 회사를 속이기도 한다. 그는 인생이 풍요로워지는 진실한 방법이 무엇인지 이해하지 못했기 때문에 환경이 변한다 해도 가난한 생활에서 벗어날 수 없다.

부유한 한 남자가 있다. 그는 폭음과 폭식으로 심각한 병에 걸렸다. 건강을 되찾으려고 아낌없이 돈을 쓰지만 욕구를 희생하려고 하지는 않는다. 그는 비정상적인 식욕을 채우면서 몸이 건강해지길 바란다. 건강해질 자격이 없는 사람이기 때문에 그는 절대로 건강을 되찾을 수 없다.

이처럼 두 남자의 이야기를 소개한 이유는 '아무리 좋은 결과를 마음속에 그려도, 그것을 얻을 만한 사람이 되지 못하면 결국 나쁜 결과를 얻는다.' 라는 말을 전하고 싶었기 때문이다.

： 불평은 사람을 파멸로 이끈다

지금 '가난' 이라는 쇠사슬에 묶인 채 어두운 인생의 그늘 속에서 끝없는 고독을 느끼고 있지는 않은가? 그리고 궁핍한 처지를 환경(출생, 부모, 고용주 등) 탓으로 돌리면서 '어떤 불합리한 힘이 어떤 이들에게는 풍요로움과 행복을 가져다주었지만 내게는 가난과 고뇌만 주고 있을 뿐이다.' 라는 생각으로 늘 불평하며 살고 있지는 않은가? 만약 그렇다면 이제 그만 하라. 불평은 나를 파멸로 이끄는 무서운 함정일 뿐이다. 그 누구도, 무엇도 나를 궁핍하게 만들지 않았다. 내가 궁핍한 진짜 이유는 바로 내 안에 있다.

내 안에 있다는 말은 내가 스스로 그 문제를 해결할 수 있다는 뜻이다. 만약 계속 불평만 한다면 더 많은 것을 잃게 될지도 모른다. 결국 노력한 만큼만 얻을 수 있다. 인생을 변화시키려면 스스로를 변화시켜야 한다. '원인과 결과의 법칙' 은 항상 작동하고 있다. 그 '정의의 법칙'을 신뢰하고, 그것에 동조해야 한다. 지금보다 더 훌륭한 인생을 이루려면 그에 어울리는 인간이 되기 위해 끊임없이 노력해야 한다.

'정의의 법칙'이 존재한다는 사실을 깨닫고 진심으로 그 법칙을 따른다면 진정으로 가치 있는 인생을 살게 될 것이다. 법칙을 따르기로 결심한 순간부터 인간은 강해진다. 지금보다 더 나은 삶을 살기 위해서는 현재의 환경을 탓하지 말고 스스로 성장하기 위해 노력해야 한다. 더더욱 가치 있는 삶을 살아가려면 숨은 능력과 가능성을 발견할 수 있도록 끊임없이 노력해야 한다.

뿌린 대로 거둔다

봄이 오면 농부들은 땅을 일구고 씨앗을 뿌린다. 그들에게 "무엇을 수확하고 싶으세요?"라고 묻는다면 그들은 틀림없이 이렇게 대답할 것이다. "무엇을 수확하고 싶냐고요? 이것이 무엇으로 보입니까? 당연히 밀 아니겠소! 밀을 뿌리면 밀을 수확하고, 보리를 뿌리면 보리밖에 수확할 수 없소."

　자연은 많은 것을 가르쳐 준다. 자연의 모든 법칙은 인생에도 영향을 준다. 씨앗을 뿌리는 작업은 인생에서도 이루어진다. 나의 생각과 말, 행동이 내가 뿌리는 씨앗이다. 그 씨앗은 그것과 똑같은 결과인 수확물로 되돌아온다. 마음을 미움과 증오로 채우면 타인에게 증오를 받게 된다. 그러나 사랑으로 마음을 채우면 사랑하는 사람들이 곁으로 찾아올 것이다. 항상 정직하게 살아가는 사람의 주위에는 늘 정직한 친구들이 있지만, 그렇지 못한 사람의 곁에는 비슷한 사람들이 모여든다. 잘못된 행위를 계속 하면서도, 신에게 은총을 바라는 사람은 누에콩을 뿌려 놓고 밀이 수확되기를 바라는 농부와 같다.

　은혜를 받고 싶다면 선의를 베풀어야 한다. 행복해지고 싶다면, 타인의 행복도 생각해야 한다. 결국 사람은 뿌린 대로 수확한다.

불안을 없애고 실패를 두려워하지 않을 때
마음이 강력해진다

목표를 갖게 되었다면 그곳에 이르는 길을 마음속에 그려보라. 옳은 길이 아닌 것에는 눈도 돌리지 마라. 불안한 마음이 생기지 않도록 꾸준히 노력해야 한다. 불안은 목표로 향하는 길을 차단하거나 목표로 향하는 의지를 꺾어버림으로 노력의 효과를 저해한다.

불안은 항상 사람을 실패로 이끌 뿐 어떠한 성공에도 공헌하지 않는다. 마음속에 불안이 가득하면 목표, 활력, 행동력 그리고 강인함이 그 기능을 상실하게 된다. 목표로 향하게 하는 힘은 '나는 그것을 달성할 수 있다.' 라는 의식에서 생겨난다.

불안은 그런 의식에 최대의 적이다. 불안을 계속 안고 있는 것은 앞으로 나아가는 것을 스스로 방해하는 것과 같다. 불안을 제거하는 가장 좋은 방법은 '원인과 결과의 법칙' 을 깊이 신뢰하고 그 '정의의 법칙' 에 동조하면서 최선을 다해 일을 해나가는 것이다. 그 이상 좋은 방법은 이 세상에 존재하지 않는다. 불안을 없앰으로써, 실패를 두려워하지 않을 수 있게 된다. 그러면 마음에는 강력한 힘이 넘쳐난다.

수많은 역경에도 용감하게 맞서고 어떤 일도 극복할 수 있다. 이치에 맞는 다양한 목표는 채 익기도 전에 떨어지는 일 없이 계절이 찾아올 때마다 꽃을 피우면서 튼튼한 과실로 성장할 것이다. '정의의 법칙'과 더불어 살아간다면 그 어떤 역경에도 굴하지 않는 강인함을 가질 수 있다. 그리고 물질에 집착하는 사람에게는 결코 주어지지 않을 무한한 성공을 얻게 된다.

⋮   감정이 격해지면 능력이 쉽게 분산된다

무슨 일이 있을 때마다 격렬하게 감정을 드러내는 사람은, 결코 진정한 힘을 가진 사람이 아니다. 격렬한 감정은 무모하고 경솔한 에너지다. 겉으로는 멋있어 보일지도 모르지만 실은 능력을 분산시키는 부정적 요인일 뿐이다. 격렬한 감정은 바다의 절벽을 덮치는 폭풍과 같다. 그러나 진정한 힘은 그 절벽과 같아서, 그런 하찮은 감정에는 꿈쩍도 하지 않는다.

정당한 목표를 가지고 계속해서 그것을 달성하기 위해 노력해야 한다. 의욕적으로 배우라. 결코 포기하면 안 된다. 일에 관한 지식을 배우고 확실히 내 것으로 만들어야 한다. 그리고 '정의의 법칙'을 신뢰하고 양심의 목소리에 귀를 기울이며 평온한 마음으로 앞으로 계속 나아가야 한다. 아무도 앞길을 막을 수는 없다. 계속 승리하게 될 것이다.

이기적인 생각이나 변덕스러운 감정을 떨쳐내고 목표를 향해서 열심히 앞으로 나아가라. '정의의 법칙'이 늘 지켜줄 것이다. 해를 거듭할수록 더 큰 힘을 얻게 되고 더욱 건강해질 것이다. 그리고 더 큰 성공을 이루게 될 것이다.

인간은 본래 강인하다

'인간은 약한 생물이다.'라고 말하는 사람에게 이렇게 말해주고 싶다. '인간은 강한 생물이다.' 인간은 강인하게 태어났으며 영원히 강인한 모습을 그대로 간직한다. 인간의 약한 모습은 결국 그들의 강인함을 나타내는 것이다.

　인간은 인생을 지배하고 있는 '정의의 법칙' 즉 '원인과 결과의 법칙'에 맞서며 살고 있기 때문이다. 인간이 강하기 때문에 그런 삶의 방식도 가능하다. 만약 인간이 약하다면, '원인과 결과의 법칙'에 맞서는 일은 불가능하다. 약함이란 원래 잘못 생겨난 에너지임에 틀림없다. 무슨 일을 해도 잘 풀리지 않는 사람, 자신감이 없는 사람, 겁이 많은 사람도 실은 강인한 사람이다. 그들은 단지 인생의 진리를 모르기 때문에 본래의 강인함을 잘못된 방향으로 이끌어 가고 있을 뿐이다.

chapter 7

집중의 위력
몸에 익히기

'깊은 정신 집중' 은 마치 꿈을 꾸고 있는 상태와
비슷하다. 의식이 관념(주관적 의식)의 세계에 머물고
있다는 점에서는 꿈과 상당 부분 유사하다.
그러나 집중 상태는 수면 상태의 꿈처럼
황당무계하거나 불가사의한 세계가 아니라,
예리한 통찰력과 높은 수준의 지성으로
무장한 세계다. 정신 집중이 가능한 사람은
자신의 영역에서 천재 수준의 실력을 발휘하게 된다.
예술가, 과학자, 문학가, 철학가들이 그러하다.
그들은 자신의 일에 엄청난 몰입 능력을 과시하면서
목표한 바를 이루어 가는 사람들이다.

중요한 것과 중요하지 않은 것,
버려야 할 것과 반드시 지켜야 할 것을
올바르게 판단하는 것 역시
집중력의 힘이다.

집중의 위력
몸에 익히기

‘집중’이라는 감각 세계에 무한한 가능성이 있다

의식이 집중된 상태는 ‘완성의 아버지, 탁월함의 어머니’라 불릴 정도로 과제나 업무를 진행할 때 효과적인 힘을 발휘한다. 집중력은 기관차를 움직이는 증기처럼 마음의 모든 기능을 촉진시키고, 탁월한 능력을 발휘하게 하는 원동력이다. 또한 평상시에는 드러나지 않는 잠재 능력과 의식 기능을 총동원하여 강력한 힘으로 목적 달성을 지원한다. 집중, 그 자체를 능력이라 일컫는다는 것이 다소 무리이긴 하지만, 어쨌든 그것은 우리의 마음과 인생에 큰 영향을 미치는 원동력이라 할 수 있다.

집중이라 함은 마음 중심에 의식을 모아 그 상태를 오랫동안 유지해 나가는 것이다. 일반적으로 반드시 완성하겠다는 명확한 의지와 강력한 동기가 있는 경우, 놀라우리만치 집중력이 발휘된다. 하지만 열의로 가득 찬 의지와 동기를 유발해 낸다는 것은 그리 쉬운 일이 아니기 때문에, 완벽하게 집중력을 발휘하는 사람을 찾기는 힘들다. 하지만 성공한 사람들을 보면, 대부분 자신이 맡은 일이나 연구 과제에 몰입하는 과정에서 완전하게 의식을 집중시키는 상태를 볼 수 있다.

업무나 과제에 온전히 몰두하고 열중하다 보면, 그 세계로 완전히 빨려 들어가 버리는 상태에 이를 수 있다. 물론 집중력 정도에는 다소 차이가 있지만, 몰두하고 심취하다 보면 자연히 집중력을 활용할 수 있다. 이러한 집중 상태에는 이성과 불가사의한 힘이 공존하는 듯한 느낌이 든다. 특별히 그 정체를 신성시하는 사람들도 있지만, 어쨌든 집중 능력은 누구에게나 주어진 공평한 선물이다.

집중력 컨트롤도 능력이다

집중력 향상이나 집중 상태의 감각을 오랫동안 기억하기 위한 방법은 어떤 것이 있을까? 가장 일반적인 방법은 일정 대상물을 정해 놓고 의식을 집중시키는 것으로, 주로 코끝이나 문 손잡이, 신비한 느낌을 자아내는 상징이나 성인聖人들의 초상화 등을 응시하는 것이다. 이 외에 송과체(松果體 : 뇌의 양반구 사이에 위치한 중심부분)로 의식을 모은다거나, 공간 속에 상상의 포인트를 지정하여 시선과 의식을 집중하는 방법도 많이 이용된다. 이런 방법을 이용하면 먹는 흉내를 내며 입을 오물거림으로써 몸속에 영양분이 공급되고 있다는 착각을 일으킬 수도 있다.

그러나 이 방법들의 맹점은 지식을 체득한다기보다, 마음 약하고 다소 아둔한 이들을 현혹하기 위해 불가사의한 감각을 경험하도록 분위기를 조성한다는 점이다. 집중이라는 단어의 참뜻은 무언가를 이루기 위한 보조 수단일 뿐, 집중 그 자체가 어떤 일을 해내는 것이 아님을 알아야 한다.

그러므로 집중력은 그 자체보다 그것을 활용하여 좀 더 고차원적인 일을 수행했을 때, 비로소 가치를 인정받는다. 집중력은 언뜻 불가능해 보이는 일에 능력을 발휘할 수 있도록 하는 힘이다. 즉 '달성할 수 없었던 일을 이루어 냈을 때' 의미를 갖는 것이다. 따라서 집중력 향상 자체만을 목적으로 하는 방법은 무리가 따르며, 오히려 그것은 일을 수행해 나가기 위한 정신적 컨트롤이나 관리 능력에 방해가 될 수도 있다.

일이나 업무, 학업 등등 무엇을 하든지 집중력과 별개로 잘해 내기란 힘들기 때문에 집중력을 발휘한다는 것 역시 인생의 귀중한 성과 중 하나로 인정받는다. 집중력과 자신 본연의 능력이 부합된 상승효과를 제대로 조절할 수만 있다면, 집중력 역시 성공에 이르는 자기 자신의 소중한 능력이 될 것이다.

: 집중력 향상을 위해서는 사고에 초점을 두어야 한다

한창 일에 심취해 있을 때 놀라운 집중력을 발휘한다는 것은 신성한 지식을 얻는 것과 같다. 굳이 실물을 대상으로 하지 않더라도 정신과 마음을 컨트롤하는 방법으로 집중력을 높일 수 있다.

그렇다면 자연스럽게 집중 상태로 빠져들 수 있는 방법은 무엇일까?

한 가지 예를 들면, 일할 때 목적이나 순서와는 상관없이 무조건 서두르는 식으로 스피드에만 초점을 두는 방법이다. 하지만 이런 방법은 문 손잡이나 사진, 코끝을 응시하는 방법과 큰 차이가 없다. 이러한 정신 상태를 집중이라고 생각하는 사람이 있는데, 이것은 일종의 환각 상태에 빠지는 것일 뿐이다. 자칫 잘못하여 지나치게 정신을 압박하면 정신분열 증상을 일으키며, 마음을 안정시키기는커녕 파괴의 수단이 될 수도 있다.

집중력 최대의 적은, 의식을 여러 곳으로 분산시켜 전혀 규율이 없는, 무질서한 상태의 마음이다. 집중력을 기르고자 한다면 이러한 심적 상태를 극복해야 한다.

대원들이 명령에 복종하는 것에 익숙하지 않은 부대는 전쟁에 아무런 도움이 되지 않는다. 전쟁에서 속전속결로 승리하려면 이런 대원들에게 철저한 지시를 내리고, 부대를 유효적절하게 활동하도록 유도하는 것이 최선의 방법이다.

초점 없는 사고와 의식은 인생에서 아무런 쓸모가 없다. 사고와 의식은 과녁을 정확히 조준하고, 질서 정연하게 지시하고, 정확한 명령을 내려야 최대한의 효과를 거둘 수 있다. 늘 머릿속이 혼란스럽고 의문과 미신만 가득하다면, 정작 어려운 상황에 닥쳤을 때 실패할 수밖에 없다. 명확하고 강인한 사고만이 성공과 승리를 보장한다.

⋮ 집중력을 키우는 방법은 '실천'뿐이다

집중력을 확실히 익히는 비법 같은 것은 없다. 오로지 실천만이 방법이다. 사실 집중뿐 아니라 어떤 능력이든 기본 원리를 확실히 깨우쳐야 자기 것이 된다. 우선은 시작하는 것, 그리고 완전히 자기 것으로 습득할 수 있을 때까지 지속적으로 행하는 것, 이것이 모든 학습과 성취에 필요한 기본 원리다. 이 원리는 예술과 과학뿐 아니라, 비즈니스를 비롯한 모든 분야에 걸쳐 통용된다. 그림을 잘 그리려면 일단은 그려 보아야 하고, 도구 사용법을 알려면 무조건 그 도구를 사용해 보아야 한다. 마찬가지로 공부를 잘하려면 일단 공부를 시작해야 하고, 현명해지려면 현명한 행동을 하면 된다. 집중력을 키우려면 집중해 보라. 그러나 그저 막연하게 한다고 되는 것은 아니다. 자신의 행동에 정신 에너지와 지성을 가미해야 한다.

우선 당신이 반드시 해야 할 일이나 공부, 작업을 마음속에 정하라. 그리고 그 목표를 향해 모든 지적 요소와 정신 에너지의 초점을 맞추겠다는 각오로 의식을 모아 보라. 아무런 연관성 없이 막연하기만 한 사고가 마음속을 떠도는 것처럼 느껴지면, 바로 그 순간 눈앞에 있는 실물이나 일로 사고를 옮겨 보라.

지정된 포인트에 시선을 고정하지 않으면, 집중력은 생기지 않는다. 집중 포인트는 무의미한 대상물이 아니라, 늘 당신 앞에 할당된 업무와 일이다. 당신의 목적은 유연하면서도 신속하게 그리고 완전한 능력을 발휘하여 일상적인 업무를 완성하는 것이다.

마음이 산만해져서 도무지 일이 손에 잡히지 않는다면, 그것은 마음이 제대로 컨트롤되지 않는다는 증거다. 그런 상태에서는 집중력을 키울 수 없다.

집중력을 높이는 4단계

처음부터 분명하고 확고한 사고를 유지하면서 에너지를 쏟아 붓는 일은 상당히 어렵고 벅찬 작업이다. 그러나 포기하지 않고, 매일 부단한 노력을 기울이다 보면 셀프컨트롤이 가능해진다.

일을 치밀하게 파악하고 신속하고 정확하게 처리하려면 고도의 테크닉이 필요하다. 그러나 일단 이 테크닉을 완전히 익히고 나면, 계획적이고 진취적인 실천력으로 성공의 기회를 붙잡을 수 있다. 그뿐 아니라 지금보다 일에 대한 즐거움과 충실한 인생을 훨씬 직접적으로 체험할 수 있다.

집중력 향상을 위한 4단계는 다음과 같다.

① 주목 (우선은 무언가를 생각하려 하지 말고, 집중해야 할 일이나 과제에 마음을 고정시킨다.)
② 숙고 (熟考 주목한 다음에는 업무를 진행해 나갈 방법을 찾아 마음이 활발하게 움직이기 시작한다.)

③ 깊은 정신 집중 (얼마 동안 숙고 단계를 유지하다 보면 감각
의 문이 열리듯 사고 또한 어떤 마음 상태로
이어진다. 그러고 나면 외부 세계로 연결되는
사고의 문이 닫히면서 자신이 해야 할 일에만
집중하게 된다.)

④ 신중하고 침착한 활동 (숙고 상태가 심화될수록 마음은 고요
하면서도 신속하게, 자그마한 노력으
로 최대한의 효과를 발휘하면서 일을
진행해 나간다.)

주목이란 무슨 일을 하든지 가장 중요한 1단계다. 주목할 수 없
으면 어떤 일도 완성할 수 없다. 나태하고 부주의한 마음과 무관심
한 자세로는 새로운 일을 도모하거나 추진할 수 없다.

시선을 고정시킨 상태에서 연속적인 사고와 의식이 가능해지면,
자연스럽게 주목 단계에서 **숙고** 단계로 진입할 수 있다. 대부분의
경우, 어떤 일을 추진할 때는 주목과 숙고 단계만으로 충분하다.
일의 수준이나 완성도와는 별개로, 일단 이 두 단계로 확실히 습관

을 들여 놓으면 일반 회사 업무나 연구 과제 정도는 충분히 해결할 수 있기 때문이다.

다음 단계인 **깊은 정신 집중**에 도달하는 사람은 극히 일부이므로, 이 단계 정도에 들어오면 가히 천재 영역에 해당한다고 보아야 한다.

앞의 두 단계까지는 일과 마음이 반드시 일치하지는 않는다. 마음은 없어도 노력 여하에 따라 그에 준하는 업무 성과를 올릴 수 있다.

그러나 3단계부터는 일과 의식의 조화가 돋보이는데, 이 두 요소가 결합하고 융합하면서, 적은 노력으로도 큰 효과를 발휘할 수 있게 된다. 초기 2단계에서도 물론 의식과 업무가 결합되어 있기는 하지만, 워낙 그 융합 정도가 약해서 외부로부터 약간의 잡음이나 충격이 가해지면, 곧바로 해체되기도 한다. 그러나 '깊은 정신 집중' 단계에 이르면, 자신이 몰두하고자 하는 대상이나 목적을 외부 세계와 완전 구별함으로써 아무런 방해도 받지 않는 자신만의 주관적 세계에 몰입할 수 있다.

이 단계 수준에 이르면 더 이상 외부 세계는 신경 쓰이지 않을 뿐더러, 오히려 내부의 지적 활동이 더더욱 선명하게 대두되기 시작한다. 주변에서 아무리 말을 걸어도 들리지 않으며 지나치다 싶을 정도의 자극을 주어야 비로소 몰두해 있던 세계로부터 현실로 돌아온다.

'깊은 정신 집중'은 마치 꿈을 꾸고 있는 상태와 비슷하다. 의식이 관념(주관적 의식)의 세계에 머물고 있다는 점에서는 꿈과 상당 부분 유사하다. 그러나 집중 상태는 진짜 꿈처럼 황당무계하거나 불가사의한 세계가 아니라, 예리한 통찰력과 높은 수준의 지성으로 무장한 세계다.

정신 집중이 가능한 사람은 자신의 영역에서 천재 수준의 실력을 발휘하게 되는데, 예술가나 과학자, 문학가 그리고 철학가들이 바로 그 좋은 예다. 그들은 자신의 일에 엄청난 몰입 능력을 과시하면서 목표한 바를 이루어 나간다.

4단계인 **신중하고 침착한 활동**은 완전한 정신 집중 상태를 가리킨다.

이 상태를 한 마디로 표현하기란 어렵지만, 활동을 계속하면서도 휴식을 취하는 듯한 평화롭고 조용한 분위기를 나타내는 것만

은 확실하다. 가는 선 하나가 조용히 나선을 그리며 하늘로 올라가
듯, 강렬한 에너지가 침묵 속에서 상승하는 느낌이라고도 할 수 있
다. 최소한의 노력으로 최대한의 효과를 올릴 수 있는 상태를 향
해, 아주 천천히 그리고 고요하게 상승한다. 완전한 온화함 속에서
아름답고 눈부신 광경이 소년의 마음을 사로잡고는 놓아주지 않는
듯한 느낌이다. 뇌의 움직임이 정지해 있는 듯한 느낌이 드는 이유
는 극도의 균형 상태를 유지하고 있기 때문이다. 즉 완벽한 균형
상태가 지속되고 있는 것이다.

　마음은 격정과 환희가 몰아치지만 표정은 매우 평화로워서 일사
천리로 일을 진행해 나가며, 주변으로부터 어떤 방해도 받고 있지
않는 듯한 느낌마저 든다.

　집중력을 높이는 각 단계마다 특별한 힘이 생겨나는데, '주목'
단계에서는 실천력, '숙고' 단계에서는 능력과 재능이 생산되며,
'정신집중' 단계에서는 독창성, 마지막 '신중하고 침착한 행동' 단
계에서는 리더십과 지도력이 뿜어져 나온다. 물론 이 힘들은 모두
각 전 단계를 포함하면서 실현된다. 즉 '숙고'는 '주목' 단계를 포
함하고 '정신집중'은 '주목과 숙고' 두 단계를 모두 포함하며, 마

지막 단계는 앞 세 단계를 전부 포함하여 실행된다. '집중력'을 올바로 깨닫고 실행할 수 있는 사람은 어떤 상황이 닥쳐도 적극적이고 긍정적 사고로 문제의 핵심을 탐색해 나가면서 전체를 이해할 수 있다.

중요한 것과 중요하지 않은 것, 버려야 할 것과 반드시 지켜야 할 것을 올바르게 판단하는 것 역시 집중력의 힘이다. 자신의 목적을 달성하기 위해 사고 기능을 유효 적절히 활용하는 방법과 에너지 활성화 방법을 잘 기억해 두면, 현명하고 강인한 의지가 생겨나고, 결국에는 목표를 이룰 수 있는 지적 실천자가 될 수 있다.

인생의 목표를 발견하지 못했다면
우선 눈앞의 일에 집중하라

인생의 큰 목표를 발견하지 못한 사람은 눈앞에 있는 '해야만 하는 일'을 완벽하게 완수할 수 있도록 집중해야 한다. 어떤 작업이든지 상관없다. 자신이 지금 해야만 하는 일을 최고로 잘해 낼 수 있도록 노력해야 한다. 그렇게 하면 마음을 다스리는 능력과 집중력을 확실하게 익힐 수 있다. 그 능력을 충분히 익힌다면 당신은 어떤 목표라 해도 달성할 수 있다. 또 아무리 큰 목표라 해도 하찮게 보일 것이다.

아무리 약한 사람이라도 자신의 나약함을 알고, '강인함은 훈련에 의해서만 얻을 수 있다' 라는 사실을 믿게 되면 강해지기 위해 노력한다. 그리고 노력하는 과정에서 인내심을 키우고 스스로 강화強化해 가면서, 훌륭하고 강인한 인간으로 성장한다.

허약한 사람이 인내심을 갖고 강도 높은 훈련으로 몸을 튼튼히 할 수 있듯이 나약한 마음을 가진 사람도 올바르고 강인한 생각을 의식적으로 계속하다 보면 마음을 강화시킬 수 있다.

나약함을 버리고 목표에 의식을 집중하라. 실패는 성공으로 향하는 통과점이라고 생각하는 사람들, 어떤 상황도 긍정적으로 바꿀 수 있는 사람들, 강인하게 생각하고, 용감하게 행동하고, 가치 있는 일을 멋지게 이루어 내는 사람의 친구가 되어야 한다.

chapter 8

감정을 지배하면
인생도 지배할 수 있다

간절한 소망이 있다면, 명상의 세계로 녹아들어
진실의 절정을 경험할 수 있을 것이다.
집중력은 구체적인 목표를, 명상은 고귀한
정신적 세계를 실현한다. 실천적 기술과 지식은
집중력을 통해 얻을 수 있으며, 정신적인
기술과 지식은 명상으로부터 나온다.
사람은 명상을 통해 비로소 신의 지혜와 완전한
평화에 도달할 수 있다. 집중은 힘(능력)을 주지만,
명상은 지혜가 샘솟게 한다.

힘이 있는 사람은 주위 사람들이
허둥댈 때도, 평온하게 있을 수 있는
사람이다. 그리고 어떤 경우에도
자신의 마음을 확실하게
다스릴 수 있는 사람이다.

감정을 지배하면
인생도 지배할 수 있다

집중과 명상의 차이

　정신 집중이 간절한 소망으로 자리 잡아가면 그곳에 명상이 기다리고 있다. 간절한 소망이란 세속적인 즐거움이나 이기적인 애정생활을 실현하기 위한 것이 아니다. 순수한 마음으로 간절히 소망하는, 한없이 고귀한 세계를 추구하고 마음속에 진실만을 담아두려는 바람이다.

　인생을 올바로 깨닫기 위해 생각과 사고를 집중하고 싶어질 때, 비로소 사람들은 명상을 떠올린다. '인생의 진실에 대한 깨달음'을 간절히 소망하는 마음이 없다면 명상은 무리다. 소극적이고 무관심한 마음으로는 아무리 사소하고 작은 일이라도 제대로 이룰 수 없다. 인간 본질에 흥미를 갖고 진실을 찾아내려는 바람이 있어야 명상을 체험할 수 있다.

　마음속에 이처럼 뜨겁고 간절한 소망이 있다면, 명상의 세계로 녹아들어 진실의 절정을 경험할 수 있을 것이다. 집중력은 구체적인 목표를 실현하는 반면, 명상은 고귀한 정신적 세계를 실현한다. 실천적 기술과 지식은 집중력을 통해 얻을 수 있으며, 정신적인 기술과 지식은 명상으로부터 나온다. 집중력을 기르면 누구나 천재가 될 수 있지만, 그렇다고 해서 정신적 '진실의 절정'에 다다랐다고는 할 수 없다.

　이제 집중과 명상의 차이가 조금씩 이해되었을 것이다. '집중력을 키워 고대 로마의 위대한 시저처럼, 원대한 지략과 능력을 갖출 수만 있다면' 하고 생각하겠지만, 그렇지는 않다. 사람은 명상을 통해 비로소 신의 지혜와 완전한 평화에 도달할 수 있다. 집중은 힘(능력)을 가져다주지만, 명상은 지혜를 안겨 준다. 집중력 있는 사람은 과학이나 예술, 비즈니스 분야에서 전문성을 숙련시켜 나갈 수 있지만, 명상은 인생 자체에 대한 숙련도를 닦아 나갈 수 있도록 돕는다.

사람은 정직한 생활과 적극적인 자기 계발 그리고 현명한 지혜를 통해 성인에 이르며, 정신적 깨달음을 얻은 사람들은 신성한 명상의 완성품이다.

명상은 감정을 지배하는 힘이다

집중력을 위한 4단계는 자연스럽게 명상으로 이어진다. 집중은 무의식적인 힘을 불러내고, 명상은 좀 더 의식적인 노력과 실천으로 자신을 힘의 세계로 몰아간다. 이것이 집중과 명상의 차이점이다.

명상은 정신적 집중이며, 신神의 지식, 신神의 지혜에 마음의 초점을 맞추어 오로지 마음을 진실로 향하게 하는 것이다(주목). 오랜 역사를 통해 본다면 인간의 화두는 진실 탐구였다. 자신에게 이런 바람이 있다는 사실을 깨달으면 본인을 진실로 이끌기 위해 정신적으로 정화시키려고 한다. 그리고 생명의 신비와 불가사의한 힘에 대한 깊은 성찰을 하게 된다(숙고). 마음은 완전한 진실에 맹렬한 관심을 기울이는 속성이 있기 때문에 일단 진실 세계에 빠지면 더 이상 세속적 욕망과는 멀어지게 된다. 그리고 난해하고 심오한 인생 문제를 하나씩 해명하기 위해, 해결의 실마리를 찾아 나설 뿐 아니라, 현실에서 발생하는 모든 현상을 추상적이고 본질적으로 받아들이는 요령을 터득함으로써, 진실한 마음에 다가간다(정신집중). 정신 집중을 통해 진실의 세계로 몰입되는 듯한 상태에서 균형 감각을 배운다. 영속적이면서도 고요한, 그러면서도 얽매이지 않은 마음의 평화와 '침착한 행동'이 가장 완벽한 균형을 이룰 수 있다.

짧은 명상부터 시작하라

명상은 엄격한 자기 단련을 목적으로 하기 때문에 집중력 훈련보다 훨씬 어려운 작업이다. 그도 그럴 것이 집중은 정신 정화를 하지 않고도 가능한 일이지만 명상은 마음과 인생의 정화 과정을 필요로 하기 때문이다.

명상의 진정한 목적은, 신성한 진리 계발(진실 달성)이다. 그렇기 때문에 정화와 정의 실천이 필요한 것이다. 처음 얼마 동안은 짧은 명상 시간이 효과적이다. 이른 아침 30분 정도가 적당하다. 비록 짧은 시간이지만 자신의 소망을 선명히 그려낸다면 명상은 하루 생활에 큰 활력을 불어넣을 것이다. 명상은 생활 전반에 걸쳐 영향력을 행사하므로 제대로 실천하기만 하면 자신이 처한 상황이나 환경에 어울리는 행동은 물론 모든 부분에서 발전을 이룰 수 있다. 명상을 통해 성숙한 통찰력을 경험한 사람은 더 강인하고 신성한 인격의 소유자가 될 수 있다.

명상의 두 가지 원칙을 소개하면 다음과 같다.

1. 순수한 생각을 반복함으로써 마음을 정화한다.
2. 순수한 생각과 정화된 마음을 바탕으로 행동하면 진정한 지혜를 추구할 수 있다.

∴ 법칙에 초점을 맞춘 사고만이 진실에 가까이 갈 수 있다

개인의 성격이나 생활 방식은 마음속에 있는 습관적 사고를 따른다. 또한 마음속 사고를 행동으로 표출함으로써 더더욱 진보된 사고를 반복하며 성격과 습관을 발전적으로 바꾸어 나간다. 명상을 일상생활로 받아들이고, 하루하루를 순수한 생각으로 보내다 보면 행동 역시 순수하고 이성적이 될 수 있다. 그리고 끊임없이 순수한 마음을 추구하면 그것은 자연히 행동으로 이어지기 때문에 정신은 더더욱 정화되고, 온화하면서도 현명한 인생을 실현해 나갈 수 있다.

많은 사람들이 마음속의 순수한 생각과 모순된 욕망 또는 감정에 얽매여서, 잘못된 예측을 하며 살아간다. 그뿐 아니라 마음이 늘 불안하고, 아직 일어나지도 않은 일들을 미리 걱정하고 슬퍼하며, 귀중한 시간을 허비하기도 한다. 그러나 이런 사람도 명상으로 마음을 훈련하기 시작하면, 이론적 법칙에 초점을 맞춘 사고를 갖출 수 있으며, 셀프컨트롤도 가능해진다. 명상과 셀프컨트롤은 이전의 왜곡되고 부정적인 생각을 과감히 해체하여 순수하고 긍정적인 사고와 생각으로 무장시키며, 새로운 행동 양식을 창출한다.

이런 작업을 꾸준히 반복하면 진실과 점점 일치하면서 통찰력이 깊어지며, 현실과 마음의 조화를 실감할 수 있다. 그렇게 함으로써 정신적인 성장의 완성을 향해 평화로운 마음을 유지할 수 있다.

:   명상은 환상과는 전혀 다르다

대부분의 경우, 진실에 가까이 가려는 강한 욕망 뒤에는 슬픔과 불신, 인간에 대한 의문 등이 깔려 있다. 그러나 이러한 마음 상태로는 명상을 할 수 없다. 명상이란 깊은 성찰로서, 단순히 꿈을 꾸는 것과는 다르기 때문에 부정적인 감정을 제거하지 않는 한은 진정한 명상이 불가능하다.

명상과 혼동하기 쉬운 것이 바로 환상이다. 그런데 명상과 환상은 전혀 다른 영역이다. 환상은 몽롱한 의식 상태에서 마치 꿈에 취해 있는 것과 같지만, 명상은 강한 목적의식을 갖는 행위다. 또한 환상은 슬그머니 찾아오는 쾌락과 즐거움으로 순간적인 행복을

느끼기도 하지만, 명상은 사고를 활발하게 하기 위한 일종의 훈련이므로 다소 어렵고 지루할 수 있다. 환상의 매력에 사로잡히게 되면, 처음에는 감각적 쾌락에 빠지는 정도로 그치지만, 시간이 흐를수록 점점 육체적인 자극이나 충족을 원하는 경우까지 생긴다.

초기에는 명상의 세계에 다소 빠져들기가 어렵지만 그것을 하다 보면 서서히 유익한 효과가 나타나며 평화로움을 느낄 것이다. 환상에는 셀프컨트롤을 방해하고 도저히 억제할 수 없는 위험성이 도사리고 있다. 그러나 명상은 셀프컨트롤을 가능하게 하며, 부정적 마음과 행동을 제거한다.

환상과 명상의 차이를 좀 더 구체적으로 이야기해 보자.

다음은 환상의 특징을 나열한 것이다.

1. 쾌락의 순간에서 깨어나지 않기를 바란다.
2. 즐거움을 경험한다.
3. 의무감에 대한 거부감이 크다.

4. 의무나 책임을 회피한다.

5. 지배를 두려워한다.

6. 가능하면 노력 없이 돈을 벌고 싶어 한다.

7. 셀프 컨트롤에 약하다.

이번에는 명상의 특징이다.

1. 육체와 정신 에너지를 증폭시킨다.

2. 지혜를 발휘하여 최선의 노력을 기울인다.

3. 의무를 실행함에 있어 지루해하지 않는다.

4. 성실하게 책임을 다하겠다는 결의가 강하다.

5. 두려움에서 해방된다.

6. 부에 집착하지 않는다.

7. 셀프 컨트롤이 가능하다.

<u>명상에 부적합한 장소와 시간</u> 그리고 기타 조건에 대해서 살펴
보자.

① 식사 직후 ② 즐기는 곳 ③ 시끄러운 장소 ④ 빠른 속도로 걷고 있을 때 ⑤ 아침에 누워 있는 상태 ⑥ 흡연 중 ⑦ 긴장감 없이 편안하게 누워 있을 때

아래 사항은 <u>명상이 불가능한 장소와 시간대</u>, 기타 조건이다.
① 밥 ② 호화롭게 장식된 장소 ③ 소파나 푹신푹신한 침대 위 ④ 화려한 의상 ⑤ 회사나 사무실 ⑥ 몹시 피곤할 때 ⑦ 포만감을 느낄 때

이제는 <u>명상에 가장 적합한 시간과 장소</u>, 기타 조건에 대해 살펴보자.
① 이른 아침 ② 식사 직전 ③ 조용한 장소 ④ 공기가 잘 통하는 깨끗한 방 ⑤ 딱딱한 매트 위 ⑥ 신체에 활력이 넘칠 때 ⑦ 꽉 조이지 않는 복장

각 조건들을 잘 살펴보면, 쾌락적인 환경은 명상을 어렵게 만들고 방해한다는 것을 알 수 있다. 이러한 부정적 조건들이 정도를

지나치면 결국엔 명상 자체가 불가능해진다.

　명상에 활력이 필요한 이유는, 명상이 훈련의 성격을 띠기 때문에 잘 적응하고 견디기 위해서다. 그리고 식사 자체를 피할 필요까지는 없지만, 포만감을 느끼는 상태는 되도록 피하는 편이 좋다.

　미묘하면서도 고매한 사고를 유지하려면, 높은 수준의 정신적, 육체적 에너지가 필요하다. 명상의 포인트는 언제나 높은 에너지를 유지하는 것이다.

명상의 효과

　명상을 통해 마음을 정화할 수 있다고 했는데, 과연 그 한계는 어디일까? 다행히도 한계는 없다. 명상 준비가 끝난 마음 상태라면, 본능적으로 명상을 실행하게 된다. 그러나 단순히 기능적인 반복은 아무런 효과가 없다. 오히려 환상에 빠지는 등의 역효과를 낳기도 한다. 의식적으로 사랑과 자기신뢰가 넘치는 깊은 사고는 자연히 생활 자체에도 변화가 생긴다. 이처럼 고귀한 수준의 정신 집중 상태에서 깨닫는 조화는 현실을 창조하는 강력한 힘이 된다.

　지금까지 소개한 사항들은 명상 초기 단계에서 중요한 포인트만을 발췌한 것이다. 이 포인트를 성실히 실행하여 단련해 나간다면 정신을 정화할 수 있음은 물론, 지혜를 쌓아갈 수도 있다. 그리고 당신에게 찾아드는 기쁨과 평화 속에서, 신성한 명상의 단 열매를 맛볼 수 있다.

:　　　　　　　　　　내 마음을 정원처럼 꾸며 보자

　우리의 마음은 정원과 같아서 아름답게 가꿀 수도 있고, 그냥 방치해 버릴 수도 있다. 그러나 정원에는 반드시 무언가가 자란다. 하지만 버려진 정원에서 자라는 것은 쓸모없는 잡초뿐이다.

　만약 행복한 인생을 살고 싶다면 뛰어난 정원사가 정성껏 가꾼 정원에 아름다운 꽃씨를 뿌리듯, 마음의 정원에 피어난 나쁜 생각을 버리고 좋은 생각의 나무를 심어야 한다. 이렇게 마음의 정원을 꾸준히 가꾸면 시간이 흐를수록 생각과 인생의 관계를 더 명확하

게 이해할 수 있다. 그 생각이 좋든지 나쁘든지, 간절히 원하는 일
은 언젠가는 반드시 현실로 나타난다. 그 사실을 알아가는 것이 바
로 인생의 진리를 깨닫는 일이다.

자신을 바로잡을 때 인생의 진리를 깨닫게 된다

올바른 질서가 이 넓은 우주를 지배한다. 우리는 우주의 일부다.
그러므로 당연히 질서의 지배를 받게 된다. 사람은 자신을 바로잡
음으로써, 인생의 진리를 깨닫게 된다. 내가 주위사람들에게 친절
을 베푼다면 그들 역시 나에게 친절을 베풀 것이다.

우리는 사고방식을 바꾸면 우리 주변이 변한다는 사실을 깨닫고
놀라게 된다. 과거를 돌이켜보면 그때까지 자신이 체험한 모든 것
이, 늘 자신의 마음속을 그대로 비추고 있었다는 것을 깨닫게 된다.

우리는 좋은 생각을 하기도 하고, 나쁜 생각을 하기도 한다. 그
렇기 때문에 좋은 결과를 얻을 수도 있고, 나쁜 결과를 얻을 수도
있다. 좋은 생각만 한다면, 항상 좋은 결과를 얻게 된다. 좋은 생각

은 결코 나쁜 결과를 불러오지 않는다. 나쁜 생각은 결코 좋은 결과를 불러올 수 없다.

밀의 씨앗을 뿌리면 밀이 자란다. 그러나 씨앗을 뿌리지 않으면 아무것도 자라지 않는다. 좋은 생각은 좋은 결과를 만들고 나쁜 생각은 나쁜 결과를 만든다. 누구나 자연의 법칙을 잘 알고 있다. 그러나 우리의 인생에도 이 법칙이 그대로 적용된다는 사실을 알고 실천하는 사람은 그리 많지 않다. 그래서 대부분의 사람이 이 법칙을 무시한 채 살아가며 삶의 진리를 깨닫지 못해 우왕좌왕한다.

욕망을 희생해야 성공한다

사업에서 성공을 해도, 학문적으로 혹은 정신적으로 성공을 하더라도, 모든 성공은 성실하고 끈질기게 노력한 결과다. 어떤 것이든 똑같은 법칙에 따라서 우리 앞에 모습을 드러낸다. 성공의 차이는 그 대상이 다르다는 점이다. 성공을 얻지 못하는 사람은 자신을 다스리려고 하지 않기 때문이다.

만약 성공하기를 바란다면 자신의 욕망, 이기적인 생각, 변덕스러운 감정을 버리기 위해 끊임없이 노력해야 한다. 이 작업을 '자기희생'이라고도 부르는데 이것을 '자신을 없애 버리는 행위'라고 해석하는 것은 분명 잘못된 것이다. 자기희생이란 원래 마음속에 있는 나쁜 것을 없애고 좋은 것을 채우는 등 자신의 모든 능력을 향상시키기 위해 노력하는 작업이다. 그것은 기쁨에 가득 찬, 매우 건설적인 행위다.

희생이 클수록 큰 성공을 거둘 수 있다. 부자가 되려면 그 목표를 달성하기 위해서 자신의 이기적인 생각이나 욕망을 희생하지 않으면 안 된다. 완벽하고 아름다운 인생을 손에 넣고 싶다면 끊임없이 노력해야 한다. 성공을 손에 쥐고서도 또다시 마음속에 나쁜 것을 채워, 한순간에 나약함 속으로 전락하는 일도 있다. 성공을 유지하기 위해서는 반드시 경계해야 한다. 큰 목표를 하나 달성하자마자 느슨해져서 눈 깜짝할 사이에 낙오자의 무리 속으로 밀려난 사람들을 분명 많이 알고 있을 것이다. 마음을 다스리는 일은 '내 마음은 더 이상 나쁜 것을 받아들일 수 없다'라고 말할 수 있는 수준에 도달할 때까지 계속해야 하는 작업이다.

욕망과 가까워지면 행복과 멀어진다

물질적인 성공을 지향하는 사람은 일시적인 자기만족과 진정한 행복을 혼동하고 있다. 이기적인 생각은 부富에 대한 집착을 낳고, 인생에서 '좋은 것'을 빼앗아 간다. 그래서 세상에는 행복을 느끼지 못하는 부유한 사람들이 많다.

많은 사람들을 관찰해 보면 대다수의 사람이 욕망을 채우는 것이 곧 행복해지는 일이라고 믿고 있다는 사실을 알게 된다. 대부분 불행의 원인은 욕망을 채우는 일이 행복이라고 믿는 것에 있다.

욕망을 채우기 위해서 어떠한 일을 한다면, 결국 행복과는 점점 멀어지게 된다. 욕망은 우리가 가진 가치 있는 능력을 꼼짝 못하게 만들 뿐더러, 행복이 가진 순수함과 상냥함을 빼앗아 간다.

경쟁은 교활함을 낳는다

마음이 넓고 정직한 사람만이 진정한 풍요로움을 얻을 수 있다.

마음이 좁고 교활한 사람은 진정한 풍요로움을 알지 못한다. 풍요로움이란 외면이 아니라 내면에서 느끼는 것이기 때문이다. 욕심이 많은 사람은 억만장자가 될 수 있을지는 모르지만, 아무리 시간이 흘러도 그의 마음속은 가난한 모습 그대로 지속될 것이다. 자신보다 부유한 사람이 한 명이라도 존재한다면 자신의 풍요로움을 느낄 수 없기 때문이다.

　마음이 넓고 정직한 사람은 외면으로는 대단한 것이 없어도 자신의 풍요로움을 확실하게 느낄 수 있다. 자신이 가지고 있는 것에 불만을 느낄 때 우리는 가난해짐을 느낀다. 하지만 그것에 만족할 때 우리는 비로소 풍요로워질 수 있다. 더욱 넓은 마음으로 자신이 가지고 있는 것을 타인에게 베풀 때 우리는 더욱 풍요로워진다.

　'정직한 자는 헛수고를 한다.' 이런 말은 지금 당장 잊어버려라. 그러려면 타인과 경쟁하려는 생각을 버려야 한다. 경쟁은 교활함을 낳는다. 교활한 생각은 인생에 혼란을 가져온다. 우리의 인생을 지배하는 '정의의 법칙'에 정면으로 맞서야 한다. 누군가 경쟁을 하자고 유혹해도 그런 것은 무시하라. 진정한 힘으로 가득 찬 인생의 승리자는 다른 사람들이 아무리 경쟁을 하자고 유혹해도 그에

응하지 않고, 양심에 따라 자신이 해야 하는 일을 계속 한다. 그리고 경쟁을 걸어온 사람들을 가볍게 물리친다.

온 세상 사람들이 당신에게 "먼저 당신이 일등이 된 다음에 타인의 일도 생각하라"고 말을 걸어와도 무시하라. 그것은 타인을 전혀 배려하지 않고 이기적으로 자신만을 생각하는 것과 같다. 그런 사람은 언젠가 주위에서 고립되고 말 것이다. 그때 그들이 자신의 고독이나 고뇌를 호소해도, 귀 기울여 들어주는 사람은 한 사람도 없을 것이다.

∶ 평온을 가진 사람은 어떤 일에서도 기쁨을 느낀다

인생에서 빛나는 승리를 거둘 수 있는 것은, 마음을 항상 평온한 상태로 유지할 수 있는 사람뿐이다. 진정한 승리를 손에 넣고 싶다면, 단순히 평온해지는 것만으로는 충분하지 않다. 불변의 진정한 평온이 아니면 안 된다.

어떤 일이 일어나도, 또 무슨 말을 들어도 결코 동요하지 않는 마음 상태. 그것이 진정한 평온이다. 평온은 끈질기게 자신을 올바르게 다스린 사람만이 얻을 수 있는 과실과도 같다. 그 때문에 진정으로 평온한 마음속에는 이기적인 생각은커녕 후회와 자책도 존재하지 않는다. 진정으로 평온한 사람은 후회하거나 자신을 탓하지 않는다. 진정한 평온을 가진 사람은 어떤 일에서도 기쁨을 느낀다. 또한 대부분의 사람이 마지못해 하고 있는 일상의 의무적인 작업도 기쁜 마음으로 처리한다.

진정으로 평온한 마음속에서 '의무'라는 말은 '행복'과 같은 의미를 지니고 있다. 진정한 평온을 가진 사람에게 의무는 행복을 빼앗아 가는 것이 아니라, 행복을 가져다주는 것임에 틀림없다. 날마다 정해진 일이나 가사일을 포함한 '하지 않으면 안 되는 일'도 우리의 인생을 만들고 있는 중요한 요소이기 때문이다. 의무적인 작업도 우리의 성장을 돕기 위해서 존재하는 것이다. 그 일은 분명히, 다른 누군가에게 도움을 주어 모두에게 기쁨을 선사할 것이다. 자신의 마음을 꾸준히 올바르게 다스리다 보면 언젠가 모든 사물을 있는 그대로 바라볼 수 있게 된다. 그리고 모든 사물을 정확하게 있는 그대로 볼 수 있게 될 때 사람은 더할 나위 없이 평온한 마음을 손에 넣게 되고, 인생의 불행에서 해방될 것이다.

항상 평온한 마음을 유지하라

불가능한 많은 일을 가능하게 할 만큼 강력한 힘을 손에 넣고 싶다면 먼저 평온함과 인내를 습득해야 한다. 진정한 힘은 '자립'과 '부동不動'을 기반으로 하고 있다. 힘을 손에 넣고 싶다면, 혼자서도 침착하게 설 수 있어야 한다. 산, 거대한 절벽, 우뚝 솟은 떡갈나무. 이 모든 것들이 자립한 부동의 모습으로 우리에게 힘이란 무엇인가를 말해 주고 있다.

힘이 있는 사람은 주위 사람들이 허둥댈 때도, 평온하게 있을 수 있는 사람이다. 그리고 어떤 경우에도 자신의 마음을 확실하게 다스릴 수 있는 사람이다. 쉽게 감정적으로 반응하는 사람, 겁이 많은 사람, 배려가 없는 사람, 성실하지 못한 사람은 자신과 똑같은 사람과 관계를 맺거나, 누구의 지지도 얻지 못한 채 낙오자의 길로 추락해 간다. 그러나 평온한 사람, 두려워하지 않는 사람, 배려하는 사람, 성실한 사람은 마음을 항상 조용하게 유지하고, 늘 많은 친구들에게 둘러싸여 성공의 계단을 꾸준히 오른다.

∶ 평온한 마음으로 열심히 일하면 행운은 따라온다

여러 사업을 성공시키고, 훌륭한 친구도 많던 여성에게 지인 중 한 명이 이렇게 말했다. "당신은 정말 행운을 타고났군요. 당신이 무언가를 원하면, 저절로 알아서 찾아오니까요." 실제로도 정말 그렇게 보였다. 그러나 그녀는 인생을 사는 동안 쉬지 않고 노력해 온 결과로 그러한 복을 얻을 수 있었던 것이다. 그녀는 목표를 세우기만 한 것이 아니라 정말로 열심히 일했다. 그리고 그녀의 내면이 빛나는 것은 그녀의 눈, 표정, 동작, 목소리 등을 통해서 자연스럽게 보였고, 그녀와 접촉한 모든 사람을 매료시켰다. 그녀는 마음속으로만 생각하지 않고 실제로도 정말 열심히 일했다. 그리고 그녀의 내면에서 빛나던 무언가가 그녀의 눈동자와 표정, 몸짓과 목소리를 통해서 겉으로 드러났고, 그것은 많은 사람들을 매료시켰다.

실천하지 않고 생각만 하면 낙담하게 된다. 성공은 평소의 노력으로 만들어지는 것이다. 어리석은 사람은 단지 바라기만 하고 불평을 계속 하지만, 현명한 사람은 열심히 일하며 평온한 마음으로 결과를 기다린다. 그리고 여유 있게 행운을 거머쥔다.

마음이 강한 사람이 진정한 승리자다

인생의 승리자가 되기 위해서는 강한 정신력이 있어야 한다. 그러나 유감스럽게도 강한 정신력을 잘못 해석하고 있는 사람이 많다. 그들은 친절함, 고상함, 인내라는 강한 정신력을 품고 있는 마음이 실은 매우 나약한 것이라고 착각하고 있다.

마음이 강한 사람만이 강한 정신력을 키울 수 있다. 친절하고 인내심이 많은 사람이 실은 아주 강한 사람이다. 강한 마음에는 동물적인 성질이 존재한다. 그것은 감정 에너지로서 자기의 내면에 모습을 나타낸다. 그것을 방치해두면 자기에게서 인간다움을 빼앗아버릴지도 모른다. 그러나 그 에너지는 올바르게 다스리기만 하면 인생에서 승리하기 위해 필요한 진정한 강인함을 안겨줄 것이다. 자기의 내면에 사는 그 난폭한 성질을 잘 길들이고, 다스려야 한다. 스스로 자기의 감정의 지배자가 되지 않으면 안 된다. 사람은 자신의 내면에 존재하는 난폭한 성질로부터 지배당할 때 약한 상태에 놓이게 된다. 감정이 자기를 지배하게 해서는 안 된다. 감정은 어디까지나 자신이 지배해야 한다. 스스로 그 에너지를 올바르게 다스린다면 그것은 충실하게 봉사할 것이다. 이기적인 생각은 그만두라. 그것이야말로 감정의 폭주를 억누르는 유일한 수단이다. 그렇게 하면 힘을 낭비하는 일 없이, 의미 있는 활동에 집중할 수 있다.

평온해질수록 더 큰 성공을 얻는다

사람은 평온해질수록 더 큰 성공, 더 큰 영향력, 더 큰 권위를 손에 넣을 수 있다. 평온함을 얻으면 사업도 번창한다. 사람은 평온해질수록 올바른 판단을 내릴 확률이 높아지기 때문이다.

　사람들은 대부분 평온하고 냉정한 사람 옆에 있고 싶다고 생각한다. 자신의 마음을 잘 다스릴 줄 아는 사람은 평온하고 강한 마음을 얻게 된다. 사람들은 평온한 사람을 접하면, 그 사람의 강인함을 자연스럽게 알게 되면서 의지할 수 있는 사람이라고 느끼게 된다. 평온한 마음은, 끊임없이 자신을 잘 다스리면서 계속 노력하는 사람만이 손에 넣을 수 있는 지혜의 보석이다. 끊임없이 자신의 마음을 다스리면 자신의 마음 상태와 주위에서 일어나는 사건이 밀접하게 연결되어 있음을 깨닫고, 그 결과로 주위에서 발생하는 사건 전부를 원인과 결과의 관점에서 정확하게 바라볼 수 있게 된다.

　그렇게 되면 우리는 불평을 하거나 화를 내거나 고민하거나 슬퍼하는 일이 적어지고 더 침착하고 안정되고 평온한 마음 상태를 유지할 수 있다.

　자신을 잘 관찰하고, 자신의 인격에서 결점을 찾아 하나씩 없애기 위해 노력하라. 그런 노력을 계속 하다 보면 자신의 결점을 보완할 수 있다. 그러다 보면 당신은 더더욱 평온해지고, 그 평온한 마음은 곧 당신의 인격으로 나타난다. 당신은 평온한 인간으로 성장하여 어떤 상황에서도 냉정함을 잃지 않고, 자신이 해야 할 일을 항상 완벽하게 해낼 수 있다.

⠆   평온한 마음은 장점을 더욱 빛나게 한다

　누구나 평온한 사람을 좋아하고, 사랑한다. 그들은 한여름의 더운 햇살을 막아 주는 큰 나무와 같다. 폭풍을 막아주는 거대한 벽과도 같다. 그런 그들을 사랑하지 않을 사람이 있을까? 그들은 비가 내리는 날에도 어떤 일이 일어나도 항상 냉정하고 온화하게, 침착하고 든든하게 서 있다. 이처럼 '마음의 평화'라고 불리는 정신 상태에 이르는 것이 바로 우리 모두의 궁극적인 목표다. 그것은 지혜의 절정이며, 순금보다도 훨씬 가치가 있다. 부를 추구하는 마음을 평온한 마음에 비추어 보면 부를 추구하는 마음이 얼마나 추한지 알 수 있다. 평온함은, 우리의 많은 장점을 한층 더 빛나게 하는 눈부시게 아름다운 빛이다. 성자의 머리를 밝혀 주는 후광처럼, 평온함은 사람의 장점을 아름다운 빛으로 감싸 돋보이게 한다.

　진정한 평온함은 마음을 올바르게 다스리는 사람만이 수확할 수

있는 아름다운 과실이다. 이기적인 생각이나 변덕스러운 감정을 하나씩 없애고 마음을 계속 단련하면서 진정한 평온함을 키워 나가야 한다.

마음이 평온하지 못하면 정신력도 나약하다

마음이 평온하지 못한 사람은 아무리 강한 척을 해도 실은 나약한 사람이다. 나쁜 일이 일어났을 때 바로 화를 내는 사람을 강하다고 말할 수 있을까? 그런 사람은 아무리 강한 척을 해도 본디 마음이 평온하지 못하기 때문에 정신력이 매우 나약하다. 정신력이 나약한 사람은 다른 사람들과 잘 어울리지도 못한다.

평온한 마음은 강한 인내심으로 자신을 강화시킴으로써 나약한 자신을 극복할 수 있었던 사람만이 가지는 더할 나위 없이 축복받은 마음 상태다. 그것은 강인함이 나타난 것이며, 그것과 접촉하는 모든 마음에 평안함과 용기를 준다. 진짜로 평온한 사람은 그냥 존재하는 것만으로도 주위에 있는 나약한 사람들에게 자연스럽게 용기를 줄 수 있을 만큼 강한 사람이다. 괴로운 사건이나 곤란한 상황, 타인으로부터 비난, 중상, 오해 등을 받아도 전혀 동요하지 않고, 평온한 마음으로 자신을 잘 다스린 덕분이며, 인생에 관한 진정한 지식이 나타난 것이다. 평온한 마음은 더할 나위 없이 현명한 마음이다. 진정으로 현명한 사람은 언제나 평온함을 유지하고, 항상 상냥하고 강하며 거짓말, 위선, 모욕 등을 당할 때도 결코 냉정함을 잃지 않는다.

chapter 9

목표의 위력과
달성의 환희

목표를 달성하려는 '마음 에너지'는 어렵고 난해한
문제를 하나씩 극복함으로써 파괴력을 가진다.
신전神殿으로 향하는 길 곳곳에 돌로 만든 이정표가
놓여 있듯이, 목표는 성공을 향해 질주하는
우리에게 확실한 지표를 제공한다. 또한 분산되어
있는 정신 에너지를 한 곳으로 결집시킴으로써
우리 사고를 거대한 힘으로 변화시킨다.
덧없는 꿈들을 버리고 목표에 집중하며
노력해야 한다. 달성하기까지 여러 번 실패하더라도,
그 과정을 통해 서서히 배워나가는 강인함이
확실한 성공으로 이끌어 줄 것이다.

생각이란 이성적으로
온 힘을 기울일수록
그 위력이 강해지고, '목표'는
생각의 집중력을 향상시킨다.

목표의 위력과
달성의 환희

⋮   사고에 힘을 싣는 과정

생각이란 이성적으로 온 힘을 기울일수록 그 위력이 강해지고, '목표'는 생각의 집중력을 향상시킨다. 목표를 달성하려는 '마음에너지'는 어렵고 난해한 문제를 하나씩 극복함으로써 파괴적인 힘을 가진다. 신전으로 향하는 길 곳곳에 돌로 만든 이정표가 놓여 있듯이, 목표는 성공을 향해 질주하는 우리에게 확실한 지표를 제공한다. 또한 목표는 여기저기 분산되어 있는 정신 에너지를 한 곳으로 결집시킴으로써 우리 사고를 거대한 힘으로 변화시킨다. 거짓된 생각, 부질없는 환상, 막연한 바람, 우유부단한 생각만으로는 목표를 찾을 수 없다. 목표와 눈높이를 정확히 맞춘 마음에는 가치

없는 사고와 부질없는 생각이 설자리가 없으며, 오직 목표 달성을 위한 결의와 승리에 대한 확신만이 넘쳐난다.

성공한 사람들은 모두 마음속에 굳건한 목표를 품고 있다. 성공한 사람들은 아이디어나 과제를 소중히 여기며, 계획과 과정을 포기하지 않고, 온 마음을 다해 실천한다. 또한 그들에게는 그 어떤 어려움이나 고난이 닥쳐도 후퇴란 없으며, 직면한 문제가 크면 클수록 성공을 향한 에너지와 열정도 성장해 간다. 스스로 운명을 개척하는 사람이야말로 목표를 향해 주저 없이 발걸음을 내딛는다.

고대 로마인들은 고문이나 죽음에 대한 두려움에도 굴하지 않고, 자신의 의지와 신념을 자신 있게 표출하면서 승리를 쟁취하기도 했다. 민족을 이끌어 가는 위대한 리더들은 정신을 고양시킨다. 이러한 지적 정신이 운명을 개척하며 모든 어려움과 장애를 극복하는 것이다.

⋮ 순수하고 원대한 목적일수록 위대한 힘을 발휘한다

목적은 사람을 움직이는 커다란 힘이다. 목적의 힘은 과연 어느 정도인가. 역사는 나라와 민족의 운명을 통해 목적의 위력과 영향력을 적나라하게 이야기하고 있다. 나폴레옹이나 알렉산더 대왕, 시저와 같은 경우를 보면, 개인적인 명예나 욕망을 채우려는 목적에서 시작되었다. 그러나 부처나 공자, 예수와 같이 개인 영역을 뛰어넘는 숭고한 깨달음에 대한 목적은 그 영향력이 현대에 이르기까지 이를 정도로 지대하다.

목적은 지성을 나타낸다. 즉 목적이 숭고하고 멋진가, 아닌가는 정신적 지성과 비례한다. 훌륭한 정신과 지성으로 살아가는 사람은 가치 있는 목적을 향해 달려가고, 약하고 우둔한 마음뿐인 사람은 목적조차 제대로 세울 수 없다. 목적 없는 마음은 아무런 진보가 없는 논의와 싸움만 되풀이할 뿐이다. 반면에 확고부동하고 고매한 목적을 그 누가 방해할 것인가. 확고부동한 목적을 앞에 두고, 뒤돌아 도망칠 수 있을까?

비활성 물질은 생명력 넘치는 힘에 반응한다. 마찬가지로 모든 상황은 목적에 쏟아 넣는 힘과 노력에 반응하기 마련이다. 정의에 역행하는 목적을 가지고 살아가는 사람은 그 과정에서 결국 자신의 파멸을 맛보게 된다. 정당한 목적을 품고 살아가는 사람은 실패의 쓴잔을 맛볼 일은 없다. 목적을 달성하기 위하여 흔들림 없는 결의와 열정을 새롭게 다져나갈 뿐이다.

실패는 성공으로 가기 위한 계단이다

사람들로부터 인정받지 못한다고 한탄만 하는 사람은 결코 성공할 수 없다. 그 사람은 누구보다 마음이 약하기 때문이다. 주변 사람들의 마음에 들어 칭찬이나 받아 볼 생각으로, 자기의 결의를 꺾어 버리는 사람도 높은 성취를 이룰 수 없다. 우유부단하고 수시로 목표를 바꾸는 사람도 결국엔 실패할 수밖에 없다. 반면에 정확한 목적의식과 목표를 마음에 품은 사람은 당장 누가 인정해 주지 않아도, 온갖 비난을 받아도, 자신의 결의를 꺾지 않는다. 어떨 때는 달콤한 유혹을 받기도 하고, 또 어떤 날은 협박과 회유로 상처받기도 하지만, 그럴수록 더욱 굳은 결심으로 세상과 당당히 맞서는 자만이 진정한 성공을 거둘 수 있다. 가슴에 굳은 목적을 간직한 사람에게 어려움과 약간의 문제 정도는 오히려 신선한 자극이며 새로운 능력을 발휘할 수 있는 좋은 기회일 뿐, 그 어느 것도 그를 무너뜨릴 수 없다. '목표는 반드시 이룰 수 있다'고 생각하는 사람에게 실패란 성공으로 다가가기 위한 계단에 불과하다. 결국 모든 것은 온갖 어려움과 방해를 극복해 온 평온한 에너지에 이끌릴 수밖에 없다.

나를 품고 있는 이 밤의 어두움
남극에서 북극에 이르도록 광활한 암흑 속
내게 불굴의 영혼이 있음을
모든 신에게 감사한다

잔인하고 암울한 상황에 맞닥뜨려도
나는 울지 않는다
큰 소리로 울지 않는다

기회를 떠나보내고 머리에서 발끝까지 철철 피를 흘려도
나는 굴하지 않는다

구원으로 들어가는 문이 아무리 좁아도 상관없다
복음의 형벌을 얼마나 질까
내게는 그것이 중요하다

나는 내 운명의 주인이다
나는 내 영혼의 선장이다

인생의 목표를 확실히 세우면
가치 있는 일을 이룰 수 있다

마음과 목표가 연결되지 않는 한, 가치 있는 일은 이루어지지 않는다.

그런데 이 세상에는 목표도 없이 바다 위를 정처 없이 헤매는 표류자처럼 사는 사람이 많다. 인생의 목표가 없는 사람들은 불필요한 불안이나 무력감을 항상 느끼고 있다. 그것은 결국 나약함을 나타내며, 실패와 불행을 부른다. 진정한 성공을 손에 넣으려면 강해져야 한다.

사람은 이치에 맞는 인생의 목표를 명확하게 설정하고, 그것을 달성하기 위해 노력해야 한다. 마음 상태에 따라 정신적인 목표를 설정하거나 물질적인 목표를 설정할 수도 있다. 그러나 어느 쪽이든지 간에 만약 인생의 표류자가 되고 싶지 않다면 스스로 설정한 그 목표에 집중하고 새로운 마음가짐을 가져야 한다.

목표를 달성하는 것을 인생의 최우선 사항으로 삼아야 한다. 덧없는 꿈을 꾸지 말고 목표에 집중하여 그것을 달성하기 위해 노력해야 한다. 달성하기까지 여러 번 실패하더라도 그 과정을 통해 서서히 배울 수 있는 강인함은 결국에는 우리를 확실한 성공으로 이끈다. 이 과정도 나약함을 극복하는 필연적인 과정이다. 실패는 빛나는 미래를 향한 새로운 출발점임에 틀림없다. 자신의 능력에 한계를 느끼고 있다면 이 점을 알아야 한다. 능력의 한계는 사고방식이 설정한 경계선이다. 그러므로 사고방식 하나로 그 경계선을 바꿀 수도 있고, 없애 버릴 수도 있다. 한계 따위는 잊어버리고 최종적으로 어떤 인생을 살고 싶은가를 명확하게 결정하라. 그리고 그 목표를 달성할 때까지 포기하지 말고 노력하라.

환희는 목표 달성과 함께 찾아온다

아무리 작은 일이라도 이루고 나면 반드시 기쁨이, 환희가 찾아온다. 사소한 일이든 위대한 일이든, 목표를 이루고 나면 안정과 만족감을 얻는다.

'맡은 일에 최선을 다한다면, 사람은 밝고 행복하게 살아갈 수 있다.' 이것은 에머슨이 남긴 말로, 설령 남들이 인정하지 않는 사소한 일이라도 성실한 마음으로 온 힘을 기울이면 행복하고 평화로운 삶을 누릴 수 있다는 뜻이다.

반면에 책임을 회피하려는 사람만큼 불행한 사람도 없다. 힘들고 벅찬 일은 피하고 오직 편안한 길만 걸어가다 보면, 무의미한 일에 귀중한 에너지를 허비하는 결과밖에 오지 않는다. 더욱이 자존심과 용기가 없는 자신을 부끄러워하고, 그것이 콤플렉스가 되어 더욱더 자신감을 잃고 만다.

스코틀랜드의 사상가인 칼라일Thomas Carlyle은 "자신의 능력을 개발하지 않는 자는, 때로는 자신을 멸망시킨다"고 말했다. 맡은 일을 게을리 하고 본인의 능력을 충분히 살리지 못하는 사람은 처음에는 자신의 성격을 왜곡하고, 서서히 신체리듬에도 이상이 생기면서 불행의 늪으로 치달을 수밖에 없다는 뜻이리라.

인생이란 활동하는 것이다. 행동과 활동을 싫어하는 인생은 육체도 정신도 썩어 버리고 만다. 자주적으로 행동하고 모든 힘을 다해 문제와 장애를 극복해 나가면, 신체를 단련하듯 마음도 단련되어 정신력이 강화되어 간다.

실패를 환희로 바꾸면 뜻밖의 결과를 가져온다

어린 시절, 열심히 노력해서 성적이 올랐을 때, 어려운 수학문제를 풀었을 때 얼마나 기뻐했는지 떠올려 보라. 운동선수들이 길고

험난한 훈련을 이 악물고 견디는 이유도 승리의 기쁨과 환희를 알기 때문이다. 육체적으로 정신적으로 너무 힘들어 포기하고 싶지만, 경기에서 멋지게 활약함으로써 주변 사람을 기쁘게 하고 인정받는 기쁨도 알기 때문이다. 몇 년씩 좁은 연구실에 갇혀서 약물과 씨름을 하면서도 과학자들이 그 손을 놓지 않는 이유 또한 탐구와 발명의 기쁨을 맛보기 위해서다.

힘든 상황이나 어려운 문제에 봉착해도 또다시 도전하는 비즈니스맨들에게는 성공에 대한 보수와 성취감이 기다리고 있다. 농부들은 어떤가. 한 여름 뙤약볕을 견디며 씨를 뿌리고 밭을 일구는 것은 가을의 풍성한 수확과 함께 노동의 즐거움을 만끽하기 때문이다. 자신의 목적을 완수했을 때의 기쁨은 그동안 자신이 노력한 만큼의 결과이다. 더불어 정신적인 성장이라는 선물까지 주어진다.

인생을 살다 보면 때로는 실패와 좌절감으로 큰 상처와 아픔을 겪기도 한다. 그러나 뜻을 이루고자 하는 노력과 실천 의지가 상처와 아픔을 치유하며, 최후에는 마음에서 우러나는 기쁨을 누릴 수 있을 것이다. 실패는 자신을 성장시키는 하나의 발걸음에 지나지 않음을 기억하자.

완성의 기쁨

인생의 모든 성과는 노력의 결과다.
인생은 노력과 실천의 연속이다.

노력도 실천도 외부 환경과의 싸움이 아니다.
오로지 자신과의 내적 싸움일 뿐이다.
그 싸움은 미덕의 정신을 기르기 위한 훈련이며
내적 싸움은 자신을 크게 성장시킨다.

한 가지 일을 성공하면 좀더 높은 목표를 향해
자신을 채찍질하자.
계속해서 배우고 매일 탐구하라.
지식과 지혜를 향한 열정을 잃지만 않는다면
이 땅 위에서 영원히 기쁨의 환희를 발견하리라.

그 시작은 비록 미약할지라도

그러나 그 자그마한 성공이 쌓여서 더욱 커다란
도전으로 다가오리라.
최고의 노력으로 진실의 완성을 추구해 나간다면
영원한 기쁨을 누리리라.

인생의 가치는 노력뿐이다.
최고의 노력이 완성을 창출하며
그 완성의 보수가 바로 환희다.

자기 자신과의 싸움은 순수하고 고귀한
마음으로 채워지리라.
이제 환희 가득한 마음은 완성의 기쁨을
맛보게 되리라.

실패는 자신을 성장시키는 하나의 발걸음에 지나지 않음을 기억하자.

chapter 10

나를 바꾸면
모든 것이 변한다

'내' 잘못에 대해 숙고하지도 않으면서,
왜 타인의 잘못은 이해하지도 못하는 것일까?
내 잘못에는 눈을 감는 위선자. 먼저 그 잘못을 벗어던지
자. 그래야 타인의 잘못도 바르게 볼 수 있다.
'나'를 위해 우선 자신부터 실행하라.
타인에게 전한다거나 가르치려 하지 말고 스스로
먼저 실행하라. 타인을 판단하는 것보다
먼저 내게 엄격한 기준을 제시하면 싸움이나 투쟁에
빠지지 않는 방법을 터득할 수 있다.
그러면 이기적인 경쟁과는 전혀 다른 삶을
영위할 수 있게 된다. 나아가 사회 전체에 대하여
생각할 수 있는 마음도 갖게 된다. 자연히
어려운 문제들은 마법처럼 사라진다.

당신이 지금 행복하다면,
밝은 생각을 하고 있기 때문이다.
당신이 지금 불행하다면,
어두운 생각을 하고 있기 때문이다.

나를 바꾸면
모든 것이 변한다

: : 주위의 사람은 나를 비추는 거울이다

우리는 자신과 비슷한 사고방식을 가진 사람들과 어울린다. 당신은 지금, 누군가를 두려워하고 있지는 않은가? 누군가 때문에 초조해하고 있지는 않은가? 만약 그렇다면 그 원인은 당신의 마음 안에 있다.

친절한 사람과 친해지고 싶다면 당신이 먼저 친절해져야 한다. 정직한 사람과 친해지고 싶다면 당신이 먼저 정직해져야 한다. 타인에게 베푼 만큼 자신에게 돌아온다.

주변에 있는 사람들은 나를 비추는 거울이다. '원인(자신)과 결과(주변인)의 법칙'은 그 활동을 영원히 지속한다는 단순한 진리를 결코 잊어서는 안 된다. 당신이 지금 행복하다면, 밝은 생각을 하고 있기 때문이다. 당신이 지금 불행하다면, 어두운 생각을 하고 있기 때문이다.

: 남에게 베풀 때 더 큰 기쁨을 얻을 수 있다

많은 사람들이 욕망을 채우면서 얻게 된다고 생각하는 행복은 거짓이다. 이기적인 마음으로 물질적인 부富에 매달리는 일을 그만둘 때, 영원으로 이어질 진정한 행복을 얻을 수 있다. 물질적인 부는 그것에 매달리든 매달리지 않든 언젠가는 반드시 사라진다.

지금까지 살아온 인생을 되돌아보라. 가장 큰 행복을 느낀 순간이 바로 타인에게 배려 있는 말을 하거나 그런 행동을 했을 때라는 사실을 깨닫게 될 것이다. 사람은 받을 때보다 남에게 베풀 때 더 큰 기쁨을 얻을 수 있다.

이기적인 생각을 버려라. 그렇게 자신을 사로잡고 있는 욕망의 쇠사슬을 차례로 부수어 가는 동안에 무언가를 빼앗고 싶어 하는 고뇌와 대조되는 '베푸는 기쁨' 을 알게 될 것이다. 물건, 지식, 사랑을 남에게 주는 일은 그 무엇과도 바꿀 수 없는 기쁨을 줄 것이다.

⋮   다른 사람에게 봉사하면 그 노력에
                           걸맞은 행복이 주어진다

　천국과 지옥은 내면에 존재한다. 이기적인 자아와 욕구가 시키
는 대로 따른다면 결국 지옥에 빠지게 된다. 이기적인 자아를 버리
고 고차원의 맑고 순수한 자아를 완성할 때 천국을 얻게 된다.
　이기적인 자아는 진실을 보는 눈이 없다. 올바른 판단력도 진정
한 지식도 없이 항상 사람을 고뇌로 이끈다. 올바른 판단력과 진정
한 지식은 이기적인 사고를 버렸을 때 비로소 손에 넣을 수 있다.
그 맑고 순수한 의식을 통해서 우리는 진정한 행복을 느낄 수 있다.
　이기적인 마음으로 자신의 행복만을 추구하면 행복은 당신에게
서 멀어진다. 스스로 나쁜 씨앗을 계속해서 자신의 마음속에 뿌리
고 있기 때문이다. 그러나 사리사욕을 버리고 다른 사람에게 봉사
하면 그 노력에 걸맞은 행복이 주어질 것이다. 노력은 결국 행복이

라는 수확물이 되어 반드시 돌아올 것이다.

:   내가 행복하면 주위 사람들도 행복하다

　맑고 상냥한 생각으로 마음을 채우고 언제, 어느 곳에 있더라도 늘 행복을 느낄 수 있다면 더할 나위 없이 멋진 삶을 살 수 있다. 그것은 이 세상에 살고 있는 사람이라면 누구나 바라는 소망이다. 아름답고 행복한 세상을 꿈꾸는 사람은 아름답고 행복한 마음을 가진 사람이다. 스스로 행복을 느끼지 못하면 번뇌로 가득한 이 세상을 아름다운 곳으로 변화시킬 수 없다. 그러므로 우리는 아름답고 행복한 마음의 눈으로 세상을 바라보아야 한다.

　불순한 마음으로 비도덕적인 행동을 하는 사람은 하루하루를 불행과 더불어 살며 자신도 모르는 사이 더 많은 번뇌를 세상에 퍼트리고 있는지도 모른다. 하지만 언제나 선의를 베풀고 늘 행복을 느끼는 사람은 번뇌로 가득한 이 세상에 행복의 씨앗을 뿌린다. 그 일은 종교와는 아무런 상관이 없다.

상냥하고, 맑은 마음을 가진 행복한 사람은 살아 있는 것만으로도 주위 사람들에게 좋은 영향을 끼친다. 언제나 우리의 마음을 부드럽게 해주고 이 세상을 더욱 행복하게 만들어 주는 상쾌하고 시원한 향기는 행복한 사람에게서 은은하게 퍼져 나온다.

:　　　　　　　　　사랑이라는 씨앗을 주위에 뿌리면
많은 은혜를 수확할 수 있다

많은 사람들이 평화, 은혜, 용서 등을 바라면서 신에게 계속 기도를 한다. 하지만 그들의 기도는 쉽사리 이루어지지 않는다. 왜 그럴까? 실제로는 자신이 바라는 것들을 실천하지 않기 때문이다. 씨앗을 뿌리고 있지 않기 때문이다.

예전에 어떤 목사가 신에게 용서를 구하며 열심히 기도하는 모습을 본 적이 있다. 그 행위 자체에는 물론 아무런 문제도 없다. 문제는 그 다음이다. 설교의 마지막 부분에서 그 목사는 놀랍게도 교회를 적대시하는 사람들에게는 아무런 동정도 보이지 말라고 설교를 하는 것이다!

용서는 배려라는 씨앗을 뿌리는 행위를 통해 실현된다. 목사들 중에도 이것을 모르는 사람이 있었던 것이다. 많은 사람들이 다툼의 씨앗을 날마다 뿌리면서도 신에게 빌기만 하면 평화라는 은혜를 수확할 수 있다고 믿는다. 화를 내고, 싸움을 하는 사람들이 평화를 바라며 빌고 있다. 그런 모습을 보고 있으면 정말이지 그들을 동정하지 않을 수가 없다. 누구나 자신이 뿌린 것을 수확한다. 이기적인 생각이나 말, 행동에서 벗어나서 친절함, 배려, 그리고 사랑이라는 씨앗을 주위에 뿌려야 한다. 그렇게 한다면 우리는 많은 은혜를 수확할 수 있다. 농부들이 보여주는 단순하면서도 귀중한 교훈으로부터 확실하게 배워야 한다. 이 '씨앗 뿌리기의 교훈'은 우리에게 '무언가를 받으려면 먼저 베풀어야 한다'라는 진리를 가르쳐 주고 있다.

친절함과 순수함은 복이 되어 되돌아온다

성공과 실패, 인생의 모든 것이 자신의 손으로 만들어진다. 운명을 결정하는 것도 자신이다. 마음을 배려와 상냥함, 순수함으로 채우면 그것이 자연스레 주위에 전해져 결국 같은 파장을 가진 축복이 되어 되돌아온다.

그러나 이기적인 생각과 욕망, 증오 등으로 마음을 채우면 결국 그와 똑같은 형태로 저주가 되어 자신을 찾아올지도 모른다. 마음에서 사욕을 내쫓고 사랑으로 마음을 채워야 한다. 그렇게 하면 부를 누리지는 못해도 영원까지 계속될 큰 명예를 손에 넣을 수 있다. 그러나 마음을 사욕으로 가득 채우면 아무리 억만장자가 되었다고 한들, 결코 진정한 행복은 손에 넣을 수 없다.

그리고 언젠가 주위에 친구가 한 명도 남아 있지 않게 될지도 모른다.

: 　　　　　　　　　나를 바꾸면 모든 것이 변한다

이 세상에는 수많은 고뇌가 존재한다. 그것은 이 세상이 지금 우리의 사랑과 배려를 필요로 하고 있다는 것이다. 우리가 이 세상에 줄 수 있는 가장 가치 있는 것은 활력으로 가득 찬 아름다운 인격이다. 만약 그것이 없어진다면 다른 모든 것은 그 빛을 잃어버릴지도 모른다.

고상하고 아름다운 인격은 매우 소중하다. 그것은 어떤 것에도 부서지지 않고 기쁨과 행복으로 충만한 내면을 가지고 있다.

나쁜 일을 한탄하는 것은 이젠 그만두자. 타인이 잘못한 일에 대해서 불평하거나 사람들과 다투는 일은 그만두라. 그리고 내가 저지른 실수와 내 단점을 없애기 위해 노력하라. 타인이 정직해지길 바란다면 우선 내가 먼저 정직해져야 한다. 이 세상을 고뇌에서 해방시키고 싶다면 우선 나부터 그것에서 벗어나야 한다.

가정과 환경을 행복하게 만들고 싶다면 우선 내가 행복해져야 한다. 스스로 변한다면 주위의 많은 것들도 변한다.

인생에는 그 어떤 우연도 존재하지 않는다. 인생에서 일어나는 좋은 일도 나쁜 일도 모두 마음에 달려 있다. 각자에게 주어진 환경은 내면에 있는 눈에 보이지 않는 원인의 결과임에 틀림없다.

스스로 환경과 인생을 만들어 가야 한다. 결국 나의 내면이 내 인생을 만드는 것이다.

옮긴이의 글

　이 책은 1860년대에 출생한 영국 철학자 제임스 알렌James Allen의 글들을 모아 놓은 것이다. 그의 언어들은 1세기가 지나도록 전 세계의 수많은 독자들에게 용기와 희망을 주고 있다. 그의《AS A MAN THINKETH》가 성서에 버금가는 베스트셀러라는 사실만 보더라도, 그의 철학이 얼마나 대중에게 친숙하고 실용적인가를 알 수 있다.

　밝고 희망에 차 있는 그의 글들은 아침 햇살처럼 포근하게 감싸준다. 그래서 그렇게도 많고 다양한 독자들이, 쉽지 않은 그의 논리들을 넘어서서 자신들에게 절실한 언어들을 찾아내고 위안과 평화를 맛보아 왔던 것 같다. 제임스 알렌의 글들은 분명 논리적으로 정치精緻하면서도 감성적으로는 풍요로운 세계인 것이다.

　제임스 알렌은 아버지의 사업 실패와 죽음이라라는 불행으로 인해, 가장 예민한 시기인 15세에 학교를 자퇴해야 했다. 하지만 그는 포기하지 않고 독학으로 공부했다. 공부, 아니 인생을 포기할 수도 있었을 절망적인 상황에서도, 그는 희망을 끌어안으며 끝까지 자신의 삶을 스스로 개척해 나가려는 투지를 보였던 것이다. 그가 평생 동안 금전적인 혜택을 누렸다면, 좌절과 불행을 겪지 않았다면, 그의 철학은 이 세상에 나타나지 않았을지도 모른다. 기억할 점은 그의 이야기는 그가 살아온 인생이자, 앞으로 우리가 걸어갈 인생이라는 것이다.

인간은 과거를 회상하다가 곧잘 불만과 좌절에 빠지기도 한다. 그렇다고 현재를 바라볼 용기도 못 낸다. 진실을 대할 때마다 더욱 쓰라리기 때문이다. 또한 미래는 영원하지 않기에 그려볼 엄두조차 내지 못한다. 이런 식으로 각자의 소중한 순간들이 소모되고 만다.

'나는 누군가에게 사랑받기에는 턱없이 모자란 사람이다.' '아니, 그런 건 바라지도 않는다. 어차피 인간은 누구나 혼자이니까.' 이러한 부정적인 시각으로 자기 자신을 저버리는 사람들이 적지 않다. 하지만 사람은 사고思考를 통해 그 인생을 파괴할 수도, 훌륭하게 변화시킬 수도 있음을 알아야 한다. 사람은 힘든 상황에서 더 많은 것을 배울 수 있으며, 불행의 원인은 타인이 아닌 '나'의 이기적인 행동에서 비롯된다는 사실도 깨달아야 한다.

인생과 팽팽한 줄다리기를 하며 의욕적으로 살아가도 좋을 것이고, 때로는 우회전이나 좌회전도 하면서 고비를 선회하며 내면의 고요를 만끽해도 좋을 것이다. 언젠가는 서늘한 강가에서 푸르디푸른 구름이 시원한 빗줄기를 흠뻑 머금고 와서, 노곤해하는 햇살을 적셔줄 때가 온다. 그러면 새파란 창공에 드리워진 희망이라는 무지개를 발견하는 행복도 누릴 수 있을 것이다.

이 책을 읽는 여러분이 부디 그런 행복의 주인공이 되시기를 바란다.

김현희

옮긴이

김윤희

경희대학교 일어일문학과를 졸업한 뒤 출판기획 및 일본어 전문 번역가로
활동 중이다. 옮긴 책으로는《야무지게 일 잘하는 습관》《구글을 넘어 OK
를 외쳐라》《그래도 나는 부자다》《직장인을 위한 공부기술》《내 이력서를
바꾸는 공부습관》《돈의 철학》《일류의 조건》등이 있다.

김현희

일본 국립교토교육대학 발달장애학과 졸업. 동대학원 교육학 석사. 역서
로《토토의 친구들》《장미정원을 가꾸는 사람들》《아침형 인간을 위한 4시
간 숙면법》《천사가 된 애완동물들》등이 있다.